· 大家雅事 ·

主　编
方　军

副主编
林新海　梁艳玲

执行主编
刘玉杰

·大家雅事·

周 弘

—— 在"茶"与"咖啡"之间 ——

周 弘 ◎自述

社会科学文献出版社
SOCIAL SCIENCES ACADEMIC PRESS (CHINA)

周 弘

中国社会科学院国际研究学部主任。1969年1月赴延安地区插队劳动,1971年5月加入中国共产党,同年选调宜川县党湾公社干部。1972年5月选派至南京大学德语专业学习。1975年到中共中央编译局任翻译,1977年当选中国共产党第十一次全国代表大会中央国家机关会议代表。1979年考入中国社会科学院研究生院现代外国哲学专业。1985年获美国布兰达斯大学比较历史学硕士学位,1986年2月转入中国社会科学院西欧研究所(后称欧洲研究所)工作,1991年获布兰达斯大学博士学位。历任中国社会科学院欧洲研究所所长助理、副所长、党委书记兼所长。1997年当选中国共产党第十五次全国代表大会代表,2008年荣获"中央国家机关优秀女科技工作者"称号。2012年和2017年当选第十二届和第十三届全国人民代表大会代表。主要代表作:《福利国家向何处去》(2006)、《欧盟治理模式》(2008,主编)、《盘点中欧战略伙伴关系》(2013,主编)、《走向人人享有保障的社会》(2005,合著)、《外援书札》(2015)。

编前语

2017年，借庆祝中国社会科学院建院40周年之际，中国社会科学院办公厅策划组织编辑并联合社会科学文献出版社推出"学术名家自述"丛书。该丛书主要是邀请中国社会科学院的学部委员、荣誉学部委员讲述自己的学术人生。由于是先期尝试，我们本着实事求是的原则，只求真实记录，不追求风格上的统一。内容上，或有他们成长历程的回忆；或有他们对学科发展的回忆；或有他们治学特色的讲述；或有他们自己的学术思考；或有学人轶事和人文掌故；或有他们的人生感悟。形式上，以第一人称呈现，尊重专家学者的个人喜好，不追求语体风格的一致。

丛书出版后，学术界、读者界反应良好，普遍希望丛书能持续出版下去，并在传主、体裁和文风上有所改进。

为了进一步展现中国社会科学院及院外著名学术大家的风采，更加生动地记录他们"为天地立心，为生民立命，为往圣继绝学，为万世开太平"的崇高理想和人生境界，聚焦他们为构建中国特色哲学社会科学学科体系、学术体系和话语体系生发的动人故事，从而进一步增强本丛书的影响力、可读性，我们将本丛书改为"大家雅事"继续出版。丛书围绕"大家""雅事"两个关键词着意遴选采写（组稿）对象、调整内容结构。

1. 丛书遴选的对象——"大家"范围进一步扩大。本丛书遴选的对象由原定的健在的中国社会科学院荣誉学部委员、学部委员，扩大延伸到中国社会科学院已故的学术大师、荣誉学部委员、学部委员及院外著名学者。

2. 丛书的内容——"雅事"得以进一步聚焦。"雅事"语出《随园诗话》，为风雅之事。狭义上指有关琴棋书画等活动。本丛书指发生在学术大家身上的趣闻、轶事，包括已故大家的人文掌故。本丛书的内容不再全方位讲述学术名家的人生故事，而是进一步聚焦学术大家的"雅事"，透过这些雅事映射那些学识渊博、德高望重的学术大家精彩的学术人生。

3. 丛书的框架——一根红线穿珠玉。一件件雅事有如一颗颗珍珠，我们用一根红线，即按照一定的主题，把这些散落的珍珠穿起来。

4. 丛书的写作——不拘一格谱新篇。新版丛书的内容随传主的不同特点做相应的调整，既讲述传主本人的故事，也讲述他者眼中的传主，是传主与他者之间发生的各种有趣有益的雅事，这些雅事或给人启迪或耐人寻味或引人入胜。丛书在写作方式上也根据传主的实际情况，采取相应的写作角度，不限于自述（口述或笔述），也随传主的不同情况而扩展为他述。

本丛书得到了中国社会科学院各位学部委员、荣誉学部委员及院外著名学者及其亲属、学生等的大力支持和帮助，得到了广大撰稿人的热烈响应，得到了中国社会科学院财计局的鼎力支持，在此我们表示衷心感谢。

囿于时间、人力、物力，错讹之处在所难免，敬请读者批评指正。

丛书编辑部
2020 年 3 月 26 日

目 录

小 引 / 001

我们这一代人 / 001
"五十年代生人" / 003

"文化大革命"经历 / 013

上山下乡 / 015

"工农兵学员"和中央编译局 / 025

"洋插队" / 030

我的专业选择 / 033
布兰代斯大学 / 035

结缘社会保障 / 040

硕士结业后回国工作 / 045

我的房东兰本达 / 050

回国！回国！ / 058

我的学术方向 ／ 061

　　福利国家和社会保障研究 ／ 063

　　国际发展援助与国际关系 ／ 100

　　欧洲一体化与欧洲模式 ／ 140

　　中国与欧盟关系 ／ 173

再拾"吉光片羽" ／ 209

　　连接人、社会和外交 ／ 211

　　对外交流 ／ 217

　　中国社会科学院欧洲研究所成立三十周年献词 ／ 221

余　言 ／ 225

附录一　主要学术活动及大事年表 ／ 237

附录二　主要成果目录 ／ 244

小　引

祝贺中国社会科学院建院 40 周年。

我与中国社会科学院结缘是在 1979 年，那年我和我的先生周小忠一同从中共中央马列编译局考入中国社会科学院研究生院哲学系的现代西方哲学专业。从那时起，我的人事关系就落在了中国社会科学院，自此再也没有离开，只是在 1986 年将工作关系从哲学研究所转到了西欧研究所（后来更名为欧洲研究所）。如果从 1979 年算起，我的"院龄"已有 40 余年了，感觉就是弹指一挥间。虽然我的工作关系很单一，但是由于时代的原因，我和我的同辈人一样，注定会有曲折和丰富的人生经历。在过去的 40 余年间，乃至在影响我整个人生道路的半个多世纪中，我断断续续完成了正规的学业，从事了 20 多年的研究所行政和研究管理工作，又当选为中国社会科学院改革开放后的第一批学部委员，享受了不少的荣誉、称号和头衔，堆积了一大堆不知该如何处理的奖状。我自觉算不上什么学术大家，只是穷一生精力，不懈地在国家需要我的岗位上坚持研究、探索、求知，扪心无愧于我生长的这个时代和国家。我也深知，正是这个国家和这个时代，造就了我和我的同辈人。

// 我们这一代人 //

"五十年代生人"

现在微信上常有人转发一些关于"五十年代生人"的说法，我就是一名地地道道的"五十年代生人"。我感觉我们这一代人确实有一些独特的地方，最为典型也最为幸运的是，我们的人生历程和国家的快速发展高度重合。我们的国家正在经历着不是一般的快速发展，而是几十年跨越几百年的增长、转型和发展。在西方发达国家几百年间出现的一些社会特征，在我们这个时代的几十年间逐一显现，这就使我们可以亲身经历并目睹急剧变化带来的各种社会现象，因此，我们获取的知识和对于社会的理解有可能远比从书本中得来的更加真切、更加深刻。

我们这一代人出生于中国民族民主革命胜利之初，受到革命胜利的影响，对中国的未来充满信心，对奉献国家的进步怀抱理想。这些信心和理想成就了我们这一代中很多人特有的乐观主义的人生态度和积极进取的思维方式。在学生们面前，我戏称自己是一名"无可救药的乐观主义者"。我相信，无论遇到怎样的艰难困苦，人类社会总是要前进的，我们的国家和社会总是要进步的，中国总有一些先进人物是要起先锋带头作用的，我愿意与这样的人物为伍，与时代同行，随社会进步。

从整体上讲，我们这一代人的经历和生活是"每况愈上"的，虽然在"上"的过程中不断出现反复、低谷和挫折，各种各样的"牺牲"也在所难免，但是回首望去，我们所亲身经历和目睹的国家发展和社会进步的速度远远超过了我早年的想象。

巴基斯坦保姆抱着不满一岁的我

中国驻巴基斯坦大使馆中的"四美"（或"四丑"），左一是我

我的父母是新中国第一代外交官，我本人出生于巴基斯坦，和我同年在中国驻巴基斯坦大使馆出生的还有几个女孩子，我们的照片被称为"四丑图"（后来大人们改口叫"四美图"）。我们的幼年生活其实不是像很多人想象的那样优渥。为了父母工作的需要，也是因为国家外汇的短缺，我们这些在海外中国大使馆出生的孩子不可能在父母身边成长。父母从海外休假回家，被子女误叫作"叔叔、阿姨"是常有的事。我在不到一周岁的时候就被送回国，开始了从幼儿园到小学、中学的集体生活。我们的物质条件并不比别的孩子充盈优厚。父母领取双工资，但是除了我们的基本生活费，其余大都交了党费。奶奶负责我们的生活开支，每年会给我做一身新衣服，过节的时候穿，之后就传给弟弟。有一次弟弟对着奶奶大闹，我才知道他不愿意穿我剩下的女式衣服和方口布鞋。此后，我自愿穿男式衣服，穿小了就给弟弟。此后一生我对

于穿着都不大在意。有时我穿着不知道哪里来的大襟儿衣服上学，惹得同学们耻笑我，给我起外号，我也并不在乎。对于我们这些很少见到父母的外交官子女来说，"家"的概念很晚才形成，独立生活的能力却早就培养出来了。

我在国内幼儿园时期都是全托，不仅平时不回家，就连周末多数时候也是在幼儿园里度过的，也就是"群养"长大的。因为很少接触到大人，所以我说话很晚，小时候常常感觉语言表达有困难。因为是集体生活，所以分享的观念很强。奶奶告诉我，她每次去幼儿园看我，都要带上不少于5份的糖果，分给小朋友们，否则我一粒糖果也不会接受。

我上过三所小学。第一所小学在现今的王府井东堂，因为母亲当时在良乡下放，所以我放学后就回奶奶家。那个时候的记忆大都和饿肚子有关。当时小学生一日三餐是在学校包饭，记得有一次男生抢吃了我的晚饭，我回到家，看见奶奶和堂兄正在喝稀饭，就坐在那里看了半天。奶奶问我吃过了没有，我咽了咽唾沫说吃过了，说完就走了出去，在胡同里晃了许久才回家。但是如果男生抢了别的女生的份饭，我就会不依不饶，带着女生去和男生打架。我好打抱不平当时是出了名的，一直到上了大学，都还更像是男孩子。因为缺少家长管教，学着男生上房上树也是有的。

到了1962年，母亲要随父亲去非洲的坦桑尼亚常驻，就把我送进了住宿的芳草地小学。在芳草地小学时间不长，没有留下什么太多的印象。四十年后，同学们有一次聚会，大家一起攻击我，说我当时特别厉害，看到饭桌上有掉的米粒，就用口水在桌上画了个"井"字，让每个人把跟前方框里的米粒捡起来吃掉，不许浪费，大家被这个新来的孩子唬住了，居然就一个个乖乖地把自己掉的米粒捡起来吃了。我是一点也不记得这些事情了，只是记得我不太习惯芳草地小学的环境和氛围，觉得有些同学有点骄娇二气。我还记得，去学校的公交车站和学校大门之间有一大片坟地，因为害怕，我每周日下午天还亮着就带着干粮返校了。其他同学都要到掌灯时分由家长送去，而我就一个人像游魂一样，踩着夕阳下自己长长的影子，在操场上溜达着唱歌。过了不久，我自己张罗着转到北京小学去了，那里也接收住宿学生。父亲在中华人民共和国成立前当过地下党，是北京市城工部刘仁的部下，若不是因为遭到国民党通缉到了解放区，新中国成立后就应当在北京市委工作。父母都不在国内的孩子，既可以进外交部系统的芳草地小学，也可以进北京市系统的北京小学。父母在国外并不知道我才不到十岁就这么自立了，给自己办了全套转学手续。

在北京小学我如鱼得水，那里有一个很大很明亮的图书馆，里面有各种小说，同学们课余不是比着读书，就是排队打乒乓球。我也排在打乒乓球的队里，一边排队一边看小说，排到了就让给别人，自己接着看小说，所以球打得不好。北京小学的伙食远不如芳草地小学，不过管理井然有序，不像王府井小学，总有男生抢女生的饭吃。北京小学还有一位让我感到温暖的语文老师——孙德勤老师。我记得她请我和另外一个周末不回家的同学到她家里吃饺子，觉得她像妈妈一样。小学毕业时，她指导班上成绩最好的三名同学分别报考北京四中、师大女附中和一零一中学，结果我们三人都如愿以偿，我上的是一零一中学。

在北京小学的时候，有一次来了一位身穿天蓝色皮夹克的叔叔，说是要给我和弟弟照张照片，带给远在国外的父母。我和弟弟认为他有可能是"特务"，所以商

我和弟弟的"鬼脸照"

量好了，在他按下快门的一刻，同时做了鬼脸。

我的妈妈是一名真正的革命者，她自己出身于教育世家，外祖父和舅舅、大姨都是中小学老师，外祖父早年与李大钊先生有书信来往，至今被家族后代珍藏。妈妈也当过外交学院的哲学教员。妈妈对我的教育当时都是反常规的，也就是很革命的。幼儿园时期，她回国探亲，我给她表演《小燕子》，她却要教我唱《革命人永远是年轻》，当时觉得很难学，唱惯了觉得很好听。后来，我每每难过伤心时，就自己哼唱一会儿《革命人永远是年轻》①，心情还就真的好了。我刚离开全托的幼儿园进入小学，她就要我洗自己的衣服，给家里人煮粥、洗碗，培养我的劳动意识和能力。我家住的房子水房在户外，到了冬天水房里结满了冰，我不知道打碎过多少碗，最后真就成了家里

---

① 歌词是："革命人永远是年轻，他好比大松树冬夏常青，他不怕风吹雨打，也不怕天寒地冻，他不摇也不动，永远挺立在山岭。"

我和妈妈在颐和园

专职的洗衣工和洗碗工。妈妈还曾经要求我到街上去捡煤球,不是因为家里缺,而是要我和街道上其他孩子打成一片,所以那个时候我的朋友都是胡同里的孩子。只要妈妈在北京,我们周末一定会去爬山或者划船,剩余的时间主要是做家务。我不记得她催问过我作业,她似乎从来都不参加我的家长会。因为我记得每次都是我给自己开家长会。她还对我说,希望我长大以后做些好事和有益的事。

儿时对父亲的印象不太清晰,记得他就是一位身材特别高大的人。还记得他带着我去故宫参观,他一路走一路自言自语地赞叹,而我只记得故宫的地砖,因为我的腿短,跟不上父亲的走路速度,所以只好看着地砖一路小跑。我比较听话,父亲喜欢带着我出去,结果就留下了跟着父亲出门要准备跑步的记忆。父亲在家的时候很少,偶尔在国内,还常常有外事活动,有时半夜才出门开会,因为当时主管外交的周恩来总理常常在半夜召集会议。

父母不在国内的时候,父母的同事和领导会到家里来看望我们。对我们关照最多的是韩念龙大使和孙少礼阿姨。他们都说我的父母很能干,很出众,这对我也形成了一定的心理压力,我和弟弟当时都害怕自己长大了,达不到父母的能干程度。长大以后,父亲对我们的要求也十分严格。父亲在纽约工作期间,去看望他，就在宿舍房间里吃方便面。父亲到了香港以后，绝少允许子女在公开场合露面，更不许我们到香港谋职。我在工作中碰到困难或委屈，想听听父亲的意见，他却说："你好好工作就是了，组织会看到你的工作成绩。"在这样的熏陶下，家里的人都崇尚埋头苦干，鄙视社会上那些阿谀奉承、趋炎附势的风气。

父亲（左一）1962年在肯尼亚接待到访的陈毅外长

我的奶奶是满人，这是我们晚辈的推测。小时候，奶奶说过她的父亲曾经在清朝朝廷里做文官，但欲言又止。受"排满"思潮的影响，当时的满人都想方设法改名更姓，隐瞒身份。奶奶的娘家在辽宁铁岭，奶奶本人大脚，喜欢读书看报，写一手漂亮的楷体字。她26岁时续弦给爷爷，她有个28岁还未出嫁的姐姐跟着她到了我爷爷家，为全家操劳了一辈子家务，在家里掩护了很多投奔革命的知识青年。我奶奶生了五个儿子，大都有点"左"倾，但是程度不同。我父亲是老五，加上爷爷前妻生的两个儿子，我父亲就算排行老七，也是老末。奶奶的遗老遗少朋友一到家里来就讲"七少爷"如何如何，我听了挺反感的。爷爷在我一岁多时就去世了，他本姓高，早年随太爷爷从山东曲阜跑关东到了东北，后来走了读书做官的路。他的儿子们分在国共两党，参加革命的都改了姓。我父亲改姓周，四伯父改姓秦，二伯父的儿子改姓纪。现在爷爷的后人拉了个微信圈，叫作"高家庄"，而里面姓什么的都有，但谁也没回过山东曲阜的老家。有一次我去济宁开会，找了辆车去曲阜城外寻"高家庄"，奔波了一天，无果而归。当地人告诉我，回来寻根的人不少，大都是这个结局。真要想续上家谱，需要准备两年的工夫，我只好作罢。我爷爷在东北上的是张学良办的干部学校，后来当过安达县的县长。奶奶说，爷爷在安达县是有名的清官，日本人来了，爷爷不做亡国奴，携全家入关，住在天津的英租界里坐吃山空，到中华人民共和国成立的时候已经是穷人了。父母在国外的时候，因为害怕我们受到奶奶"剥削阶级"思想的不良影响，妈妈情愿让我们住在学校里不回家，每次出国前都先对我进行一番革命教育，打好了预防针再走。所以，对于爷爷奶奶家的陈年往事，我们都不甚了了。奶奶喜欢听戏，到了入魔的地步。我在王府井小学上学的时候住在奶奶家，离长安大戏院很近，一旦有梅兰芳的戏，她必定要领着我去长安大戏院门口等退票，等到了退票就进去看，她摇头晃脑地欣赏，我就坐在宽大的座椅里睡觉，等戏散了她叫醒我回家。

小时候，还有一个人喜欢带我看戏，就是我的堂兄高澍。他是奶奶的长房长孙，因为是包办婚姻，他的生母在他一岁的时候就丢下他远走他乡，他的父亲后来被划成右派判刑。他从小在奶奶家生活，妈妈给奶奶留生活费的时候，总要算上他一份。高澍天资聪颖过人，生性乐观通达，上学的时候文理皆通，后来考上了清华大学。他带着我看了话剧《屈

一家人
前排右起二姑、奶奶、高澍，后排左起母亲、五伯父、三伯父、六伯父。

原》《蔡文姬》《茶馆》《丽人行》。因为我实在太小，而且没有人给我讲解，所以除了《茶馆》，其余大都没有看懂。那时我奶奶家附近有人艺、首都剧院、长安大戏院，还有儿童剧院。但是我平生仅去过一次儿童剧院，还是外交部招待驻外人员子女的专场，演的是《宝船》。上中学以前我一部电影也没看过，一零一中学的同学们争先恐后地背诵当时有名的电影台词，我只能傻傻地听着。我儿时记忆中除了学校，就是奶奶的戏、高澍哥哥的剧，周日有时陪着奶奶和五伯父，走过东华门，再沿着长长的筒子河和高高的宫墙，走到中山公园的来今雨轩，他们喝茶，我写作业……

我记忆中还有一位像妈妈的老师，就是我在一零一中学的班主任兼语文老师张兰，她对我的严厉有点像我自己的母亲。记得一次春游，班集体外出活动，回来教室的门锁了，大家着急回家，我就领头跳窗户进去取书包。周末过后返校，被张兰老师严厉地批评了一顿，好像是我第一次被老师批评哭了，所

以一直记得。作为惩罚和磨炼,张兰老师指派我当了班级的军体委员。这是我自认为最不适合我的班干部职位了,因为我不喜欢竞技体育。但是,既然当了,就要负责任,所以当时我每天绝早(大约6:00)一听到军乐队的号角就第一个跑到操场,集合全班早锻炼,班集体活动时还要整队、领唱、喊号子,当然也要组织各种体育赛事。本来我有点"小文艺青年"的倾向,那时就给纠正了。

我像我的很多校友一样,对母校一零一中学有一种特殊的眷念,不仅因为一零一中学是从解放区迁来的,有令我们骄傲的革命历史,还因为在我们成长的关键时期,母校给了我们很多的正能量和好习惯。例如当时提倡"刻苦学习、刻苦锻炼",我就学着高中同学,周日返校时从位于王府井附近的奶奶家,一直步行到北京大学附近的一零一中学,要走整整一个下午,

校庆五十周年,我回学校看望张兰老师(左二)

当时我也就 12 岁。我们的劳动课是真正的劳动课,要挑大粪去沤肥,用来培育桃树。后来走上社会,一零一中学的学生大都能吃苦、不娇气,干起活来不惜力。一零一中学的革命传统教育和集体主义精神,从小就在我们心中树立了一种人生坐标,一种使命感和目的性,成为我们克服各种人生困难和挫折的精神力量。

"文化大革命"经历

我在一零一中学读了不到一年的时间,就赶上了 1966 年的"文化大革命"。开始,我是个观望派,看周围此起彼伏的人和事,旁观风起云涌的"红卫兵"运动。我其实自始至终也没有参加过"红卫兵",而且一直都反对"血统论"。英雄不问出处嘛,什么事都把父母搬出来,算什么本事呢。当时,学校里有一派学生要批斗老校长王一知,我们都知道她是 1925 年的中共党员,还是张太雷烈士的夫人,而且她在学校里倡导教育改革,注重学生的全面发展,我从心里敬佩她,当然反对批斗她。一次,我看到有一张写得有理有力有节的大字报,观点就是保护老校长的,署名是"高二二部分",我看到没什么人呼应,就拉上同班两名女生,写了一篇支持"高二二部分"的大字报,署上"初一二部分",贴了出去,受到高二二班同学的注意,后来我们也就成了"高二二部分"的成员。此后的中学经历大都是和高中二年级的大同学有关。我跟着高二二班的

我和"高二二部分"的"政委"李树萍在中学校园后面的圆明园旧址

学生在"八·一八"去天安门观看毛主席接见"红卫兵",后来又跟着这些大同学参加了"大串联""徒步长征",走了大半个中国,那时我还不到14岁,却整天围着大同学转,"复课闹革命"了也不肯回班,为此,我的班级辅导员老师对我很有意见。"高二二部分"出了不少人才,有的成为国家的高级干部,有的当了将军、作家、教授、业务骨干,这些大同学对我中学时期成长的影响远远超过了我当时的老师和远在国外的家长。

"大串联"结束后,"文化大革命"进入了"武斗"阶段,更多的学生选择了逍遥。中学生中间重新兴起了读书热。凡是能够找到的书,都会迅速地在同学们中间传播开来。那时,大家在学校里传看苏联小说和法国小说,高年级学生们还追捧列宁的《国家与革命》和黑格尔的《小逻辑》。有一位高中同学后来说,腋下夹着一本《小逻辑》,行走在校园里,既潇洒又时髦。听说哪位高年级同学已经开始读《大逻辑》了,我们这些低年级的学生都会钦佩不已,而且必然要效仿一下,不管是否能够读懂。敢于读不懂之书,当时也是一种时尚。

在一零一中学我也有倒运的时候。由于辅导员老师的"推荐",我在"文化大革命"后期被关进"坏孩子学习班",失去自由达两个月。同时关在那里的有二十几名同学，有些是因为抗拒造反派抄家，有些是因为各种"反动言论"，总之，没有一个是真正的"坏孩子"。尽管如此，大家还是公认我更"冤枉"，直到我写给一位已经参军的好友的信被发现。在那封信中我质疑了工宣队在中学开办"坏孩子学习班"的作用。为了那封信，我还真的尝到了接受批斗的滋味。我在禁闭状态中度过了我的16岁生日，也在那种环境下开始思考人生道路的问题，并增强了对自己的信心，因为我必须回答"为什么是我"和"我会怎么做"的问题。工宣队也知道关错了人，就第一个把我放了出来。离开"学习班"的时候，有两位工宣队师傅找我谈话，态度非常温和，还表示要优先推荐我升学，希望我将来事业有成，但我还是坚持要下乡插队。

上山下乡

1968年，轮到我们"初六八届"毕业生下乡的地点恰好是陕西省延安地区。革命老区自有其独特的吸引力，我毫不犹豫地报了名。能离开北京，当时的感觉还是挺洒脱的，并不特别难过。我带了一只小小的铁皮书箱子，装上了《毛泽东选集》（袖珍本）、《国家与革命》，又从父亲的书架中翻出了《杜甫诗选》、《稼轩词选》和《词源》塞进去，背上简单的行李，一本《农村医生手册》和一箱常用药品，乘坐火车到渭南，转乘汽车经黄龙,再转车到了陕北延安地区的宜川县城,在那里知青们被分到各个公社,再等着赶着驴车的老乡领回各个山村。沿途驴车只管拉行李,上山时我们还要推驴车,因为恰好是冬季,沿途都是黄土坡,并不见人迹和村庄,心中升起一种莫名的悲凉,以为此生将终老于山中。

路上颠簸了三天,总算住进了老乡给我们腾出来的窑洞。开始的时候,每天早上还迎着朝阳唱《东方红》,后来就完全融入了农村生活,穿着老棉袄,在腰间勒一条麻绳,看不出是北京来的知青。只是到了晚上,知青的窑洞会吸引村里的青年来聊天,用当地老乡的话说,"学生娃(老乡都叫我们北京来的插队知青'学生娃')的窑洞总是点灯熬油的"。在当地青年眼里,我们这些"学生娃"又读书、又有见识,还见过汽车和火车,算是村里的"大知识分子"了。也就是从下乡插队开始,我的生活路向就变成了边劳动、边读书。至今,在窑洞里闪烁的煤油灯下阅读,被油灯熏黑了鼻孔的情景还历历在目。碰上不需要出工的冬季晴日,就坐在窑洞前读读书,或者到老乡家里聊聊家常,帮老乡看看头疼脑热的小病。

真的要感谢一零一中学对我们的劳动教育和吃苦训练,让我们到了农村就能很

1969年冬,在陕北宜川县党家湾公社李家畔二队知青窑洞前

快适应。除了跟着老乡上山开小片荒以外,我还自告奋勇地给村里挑了一年的大粪,学会了沤肥,还理解了粪勺上的"政治"(收多收少、收稀收浓的,都要记成工分,所以这个"权力"队里要给"信得过"的人,北京知青就是老乡"信得过"的人)。我还学会了所有的农活,包括农村里"最技术"的活,如"拿粪"(就是背着筐,将里面拌好了粪肥的种子一把一把撒在犁好的田垄里)和"抹地"(就是赶着牲口,将撒好种子的田垄抹平)。这些都是农田里的技术活,也是高强度体力活,我闹着要干,队里就让我干了。当时我的工分被记到9.5分,超过了村里的一些男青年。

稍后,队里让我当了生产队的妇女队长。社会工作就是教妇女们识字,给她们读报,带着她们修水利工程。婆姨们能拿到工分,又有了社会生活,喜得不行。但是我也有为难的时候。例如村里一位很能干的女青年,被家里嫁到一个更穷的山村,要了一大笔"彩礼",用于给她哥哥娶媳妇送"彩礼"。女青年不愿意,多次到公社妇联告状,得不到解决,就跑来找我理论。我当然知道女青年有自己选择配偶的权利,但是因为穷山村当时嫁女和娶媳妇是连环债的关系,女方退不出"彩礼",所以强迫女儿回婆家,还在村里对我形成巨大的舆论压力,说我袒护逃婚的女青年是"不道德"的。那时候我懂得了,所谓"道德"在不同发展水平的社会是有不同标准的。我最后的处理方式是鼓励女青年远走他乡,自食其力。后来我听说她在很远的地方找到了一个工程工地的工作,还找到了如意郎君,两人共同筹资退还了"彩礼"钱,算是一个比较好的结局。

除了妇女队长以外,我还当了大队的民兵营长,要参加生产大队的干部会议,当时我也就十六七岁,有些会议的内容也听不出所以然来。有一次到外村开干部会,散会已经是夜晚,我要独自走五里山路回村,那天没有月亮,也没有星星,半路上遇见了狼,现在想起漆黑的夜幕中那一对绿色的小灯,一直跟着我到村口,还真有几分后怕。因为当时有的知青就是走夜路被狼吃了。幸好我当时冷静,自己的脚步没有走乱,所以狼一直也没敢扑上来。在生产队里,我还跟着队干部查查会计账什么的,因为信任"北京学生娃",后来各个生产队的会计都让知青当了。

我发现,陕北老乡尽管不识字,但是讲话很文雅。例如,把"喊"说成是"呐喊",相互之间很少出语粗俗,也很少大喊大叫,需要高声传递消息的时候就"呐喊",隔着山梁都能听见。他们还用很多古字,比如把"看"说成"视",把"傻子"叫作"憨子",把"骗人"叫作"玄谎",把人"死了"叫成是"殁了"。后来看史铁生写的《我的遥远的清平湾》提到了这个现象,他说,"连最没文化的老婆儿也会用'酝酿'这词儿",真的让人一下子就联想到,那个地方别看多穷,但一定被文明光顾过,虽然一眼

我和村里的姑娘、婆姨

望去净是黄土，但曾经是"城阙辅三秦"的地方，怎么就会变得满目黄土了呢？怎么就会变得穷得掉渣了呢？当时我也百思不得其解。

我记忆中的陕北农村是秋季最美，不在那里生活是体味不到的。我总觉得后来有些影视作品偏颇到了极端，好像陕北除了黄土没有别的。其实到了秋收季节，沉甸甸、黄澄澄的谷子还在地里，紫亮亮的荞麦花正好盛开，绿油油的是冬小麦，一畦一畦的，整整齐齐，像是彩色的地毯。到了夕阳西下时分，远远望去，一层层的山峦都铺着五颜六色的地毯，美得大气磅礴。那不是什么造物主的恩赐，而是劳动者的创造。若干年后我写过一首诗，略能表达当时的情况：

秦塬曾落户，风卷满天沙；雪化充炊饮，雨晴怯路滑。

日高乌雀倦，月淡犬鸡暇；伐木搏晨雾，锄禾眺晚霞。

黄妆糜谷穗，紫染麦荞花；俄忘春耕苦，欣看秋果华。

粗粟无兼味，挨户讨酸瓜；岁冷闲农事，炕温品诗茶。

笑谈评世事，指点论国家；少小雄心壮，素志在天涯。

在陕北塬上的谷子地里

严格地讲，在农村插队的三年多时间里并没有读多少书。带去的书和日常的生活没有什么关联，而且我们的插友都是只上了初中一年级的学生，没有高中生可以效仿了，不知道该怎样学习。况且劳动生活可以算得上是艰苦的。那时候的劳动生产率是很低的，要从早干到晚才能勉强糊口。凌晨四五点钟下山驮水或进山砍柴，往返都要一个多小时。早餐后，7点出早工。8点多吃完早饭后，又是一整天的农活，午饭送到地里吃，一直干到太阳落山。塬上的太阳出山早、落山晚，晌午时分，人已筋疲力尽，太阳却像被钉在头顶一样，纹丝不动。当时就想，为什么会有羿射九日的传说？可能就是因为那位羿大叔不堪太阳的长时间照射想象出来的故事。说实在话，干活累到极点，咬牙坚持的时候，也真曾想找支神箭把太阳射下来，好让我们歇工回村。高强度体力劳动之后，读书就成了一种意愿，一种精神支柱。坐在暖和的炕上，伴着昏暗的油灯，不一会儿就昏昏欲睡，眼皮是怎么也支不起来了。《国家与革命》从头看了十数遍，离开陕北的时候也没读完。

那时候，定阳大队的几位插友兴起了诗社。何家畔生产队的郭仲华写了一曲《桂枝香》，随即流传，激发了知青们一连串的励志表白。后来，李家畔二队的王晓波将大家的诗词汇总起来，命名为《窑洞诗人》。时隔半个世纪，每每读起来，还能让人泪流满面。

《桂枝香》（郭仲华）

遥舒远目，看日落深秋，鸟归寒树。四面川塬迭起，晚烟斜吐。疏槐淡柳村头绿，路迴折，半边窑露。访来相问，邻家道是，学生新住。

怎能忘，年时落户？算日月如梭，一年飞渡。是否时时记取：重荷肩负？长矛欲揽观天下，正纷纭，六洲雷怒。不辞途险，但谁和我，凯歌同赴？

才情细腻的何家畔插友刘小联后来写下了：秋晚风凉谷穗黄，初闻一曲《桂枝香》；陇田汗水书悲乐，窑洞诗篇话汉唐；……我则在一首《念奴娇》中写出了：……滴水能漏磐石，问新来者：能保江山固？……

当时都是只有十几岁的孩子，通过写诗，用有限的知识表达对国家民族的真情和忠诚，相互勉励，对于我们那一代人来说，也是比较普遍的一个现象吧。

插队一两年后，插友们开始陆续离开，有的回了老家，有的当了兵，还有的去延安市当了工人。我留了下来，插队第三年的时候，我们一批知青共100多人坐着大卡车集体到延安市培训，真有些"凯歌同赴"的气魄。回到县城后，我被分配在党湾公社，是"调干"身份，安排到工作队蹲点，公社一共提拔了三名知青干部，另外两位被分别分配在妇联和宣传部门工作。我在那时被批准加入了共产党，申请表格还是1969年底在大队党支部填的。其间，我因为主张对知青中的"黑帮子弟"一视同仁，被认为"阶级立场不坚定"，入党的事情就被搁置了一段时间。

我在公社的工作队有两名同事，都是人品极好的。队长是公社副书记杜昆山，另外一位是北京下放干部。工作队在川里蹲点，主要工作是查账和解决矛盾。没过很久，我得到县里选调工农兵学员的消息，随即向组长杜昆山提出要去报名。杜昆山自己也是一名回乡知青，"文化大革命"前是高六六级，也就是老高三的。他说他的志向是学医，因为"文化大革命"没有学成，走了仕途也就放弃了，但是他希望我学业有成。后来听说他患了肝癌，英年早逝，想起他在工作时胃疼出汗的样子，心里都会难过一阵子。

我最后接到的录取通知书来自南京大学德语系。塬上的知青送我到县城。后来一直留在陕西的插友王晓安在写给我的送别诗中勉励说：……学业尚须期韧力，征途但患有迷荆。欲闻怎保江山固，[①]记取宜川三载情。作为回应，我也曾写下：……三寰疾苦存肝胆，举世烽烟待挥鞭。未有寸功答先烈，惜将分秒度若闲……

---

① 诗人原注：念奴娇："问新来者，能保江山固？"

三年半的陕北插队生活，在我的一生中留下了永难磨灭的印记。离开李家畔那天，陕北老乡默默地会集在村口窑背顶为我送行，很多人流下了眼泪，我相信，那是留恋也是期盼。在陕北，我从一名无知的少年成长为一名年轻的中国共产党党员、一名基层农村干部，对中国农村的贫困落后有了真实的了解和很多当时无解的思考，对改善人民生活、建设伟大祖国、服务广大民众产生了一种使命感，培养出一种敢于面对艰难困苦而绝不退缩的坚韧和毅力。陕北留给我的精神遗产是我终生的财富。此后的人生道路没有坦途，有时可以说尽是荆棘，有时需要咬紧牙关坚持，但是有了这份精神财富，意志就找到了依托，奋斗就有了不竭的源泉。也许只有亲身经历过的人才能感悟到这样一种力量。后来，我曾经这样表述过这种动力源：

塬上的知青到县城送我去南京大学上学，前排右起第三个是我

荏苒光阴卅五年，梦中常有旧时塬；垅头冬麦芽初绿，窑顶秋苹果已甜。

砥砺丰功思陕北，每临风雨忆延安；帆扬沧海千重浪，惯向波涛看挽澜。

35 年后再回延安，宝塔山变绿了

我住过的窑洞成了粮库

2005年我在延安干部学院培训，村里老乡来到县城接我回村

"工农兵学员"和中央编译局

1972年5月，我带着求知报国的心愿和山川沟壑陶冶出来的韧性，连同十分有限的文化知识，离开了培育我三年半的陕北农村，一步就跨入了位于"江南佳丽地"的南京大学。对于本来已经准备终身务农的青年来说，能够重返校园是一种怎样的幸运和机遇！现在也已经难以用准确的语言表达。在南京大学，我和另外一位来自陕北的插友总是被人一眼认出：土棉袄、肥腿裤，斜挎着背包，大步流星地走在绿树成荫的校园里，显得十分不协调。但是，也许因为有了老乡们的企盼、插友们的

勉励、延安精神的陶冶，我们总有一种别样的自信，学习也格外努力。

工农兵学员的学习生活也有很多无奈。因为是"文化大革命"

1972年南京大学校门口

后期，很多老师都还没有"解放"，我们基本上是自己管理自己，除了学工、学农、学军占去了很多时间以外，还要应对各种"复课闹革命"活动。更加无奈的是"读书无用论"总是有市场，认真学习还有"白专"嫌疑。我则一心想把过去丢掉的时间补回来，所以只好常常背着班上同学找个安静角落读书。当时我的班主任老师是华宗德，另外一位任课老师是徐晓荣，他们比我们年长不了多少，很快就和学生们打成一片了。叶逢植老师刚刚"解放"，看到我爱学习，就会私下借给我一些德文儿童读物，但都是藏藏掖掖的，怕被人知道要再受批判……我当时真的想不明白，为什么消磨时光就是革命，为建设国家而读书就不是革命？对知识的饥渴和求学中遇到的困难共同构成了我的大学回忆。

我在南京大学上学期间，父母都到了纽约，成为中国重返联合国以后第一批中国常驻联合国代表团的成员。我在国内得到了父母同事们的关照。我母亲在外交学院工作期间的领导孙少礼阿姨是我和弟弟的监护人。孙少礼在国共谈判时期曾经在军调处工作，人脉很广。她得知我在学校"吃不饱"，就介绍了陈翰笙（我们叫他"翰老"）给我和弟弟做课外辅导。翰老年轻时游历甚广，精通多国语言，而且家住东华门大街，离我家在北京的住处很近。我们分成两个班去扰他，我弟弟参加英文班，我是德文班。英文班里出了几位大使，而德文班只有我一个人。翰老健

翰老百岁照

谈，见了我就讲他 20 世纪 30 年代在德国的经历，讲着讲着就到了中午。在德文方面给我帮助更大的课外辅导老师是张玉书，他当时在北京大学西语系教德语，是以教书为乐的那种人。我说想多学点东西，他很赞赏。我每次去他家补课，一补就是一个上午，他也健谈，而且喜欢评论。但是他知道德语的难点在于语法规范，所以会教给我一些典型的语法句式。我暑假过后回到南京，他还给我寄课外作业。那时候补课老师都是义务劳动，我根本就没有想到要带上"束脩"，有时候还在张玉书老师家里蹭饭吃。我离开德语界去美国留学，对两位老师的歉疚最大，就是希望我在德国文学方面有成就的张玉书和希望我成为女哲学家的硕士生导师杜任之。

中央编译局成立五十周年，我和老同志们在一起

南京大学毕业后，我在中央编译局（"中共中央马恩列斯著作编译局"）工作了四年，那里的学习生活弥补了我知识上的很多不足。因为我们这批"工农兵学员"的基础比较差，所以局里把我们编入"青年组"，特意安排我们学习了一年文化知识，包括请张玉书老师来讲课、学习打卡片、翻译一些浅显的文章等。在编译局，我也目睹了老一辈翻译家们为事业做的毕生奉献，他们自己的生活都很简单，工作都是一丝不苟，对青年人更是爱护有加。离开"青年组"以后，我被分配在马恩室的哲学组，参与从德文校订《费尔巴哈与德国古典哲学的终结》，也参与了马克思《1844年经济学哲学手稿》的翻译。

中央编译局的生活虽然简单清苦,却给我留下了许多美好的记忆,特别是在风雨如磐的1976年,在老同志们的默许下,我们去天安门悼念周恩来总理。看到天安门广场铺天盖地的诗词歌赋,有感于总理将骨灰撒向祖国大地,我也就写了一首《八声甘州》悼总理:

恨晴天霹雳巨星消,地崩泰山惊。念黎民在抱,出生入死,尽瘁鞠躬。

五十四年一日,肝胆绘忠诚,国际悲歌起,万众悲声。

难叫阴阳逆转,要九泉喷涌,利灌催耕。喜江南塞北,良种正博兴。

待明朝,乾坤重整,让中华乐土永升平。普天下,狼烟尽扫,再悼英灵。

后来我们在北京抗震,又经历了毛主席去世和"四人帮"倒台。1977年,在我25岁的时候,中央编译局选举我当了中国共产党第十一次全国代表大会中央国家机关会议代表,那是我第一次跨进人民大会堂,当时的情景历历在目,就像是发生在昨天。现在,我每次到人民大会堂,路过第一次开会的河北厅,都要驻足冥思片刻。

1978年,我错过了报考北京大学德语硕士班的机会,便在1979年与先生一同报考了中国社会科学院研究生院的哲学系。考中之后的心情是亦喜亦忧，告别中央编译局的前辈们是令我无论如何也喜不起来的一件事。我曾经信誓旦旦地表示，学成之后一定回到中央编译局，但是老同志们似乎没有人相信。我在研究生院读完了一年的课程以后，在哲学所导师杜任之和南京大学叶逢植老师的鼓励下，跟随着研究生出国潮，公派自费去美国求学。当时，我和先生都各自通过了英文和德文的公派留学考试，正排队等候名额，在研究生院教英文的一位教师推荐我们申请美国布兰代斯大学，未料想真的就获得了两份全额奖学金。当时老师和朋友们都很替我们高兴。但是，谁知此去经年，开始了我漫长的、时断时续的"洋插队"历程。果然如编译局老同志们所料，我没有机会再回到中央编译局工作，但是编译局的四年经历就像陕北农村三年半的经历一样，汇入我的人生道路，影响我的人生选择。此后，我的人生轨迹就再也没有离开过学习：出国留学，回国工作，再出国留学，再回国工作，好像工作就是学习，学习就是工作。最后，终于以学为业，将工作和学习彻底地融合在了一起。

"洋插队"

在美国留学的经历不仅是无奈，简直就是磨炼，有时甚至是煎熬。若不是有三年半"土插队"的积累，很难设想我能够熬过"洋插队"的八年,一直坚持到获得博士学位。在精神上,"洋插队"的苦闷程度远甚于"土插队"。在美国求学的日子里,开始时还有奖学金,后来就是真正的"半工半读",这就意味着要经历生活的窘迫和精神的苦闷这双重考验。我在中餐馆里打过工,做过清扫工、护工、社工,当过保姆,看过大门,也做过翻译和助教,一边在美国社会底层挣扎,一边在美国高等学府求学,在高反差的条件下保持学习的心态,在高体力消耗之后抽空读书,其中的辛苦实在不足为外人道。有一次,我们几个中国留学生和新加坡留学生聊起过去的经历,新加坡同学都听入迷了。出乎我们的意料,他们却说,他们情愿也有这样起伏跌宕的人生经历,他们的人生太过简单了,感觉很无趣。后来,我们也都认识到,我们的经历其实也是财富。

我在美国遇到过很多善良的人,最先遇到的是布兰代斯大学给我们指派的"主人家庭"(host family)。布兰代斯大学有个传统,为初来乍到的外国留学生指派"主人家庭",主人们到机场迎接新生,再安排新生熟悉周边环境,购买必需品,然后送到学校。我和先生是同一年的奖学金生,所以一同到美国,又一同以"客人"的身份住进了"主人"大卫·顾德(David Gould)的家。顾德本人是布兰代斯大学招生办的主任,因为经手招了不少外国学生,也愿意帮助这些外国学生熟悉新的学习环境,所以每年都申请做"主人家庭"。顾德夫妇是我们接触到的第一家美国人。他们带着3岁和6岁的女儿一起到机场接我们,又带着我们办好了所有入学手续。入学后还偶尔请我们去吃饭,我们也以"包饺子"回请。以我当时的厨艺,只有包饺子还能拿得出手,而顾德一家还特别喜欢吃饺子。

// 我的专业选择 //

我的专业道路与人生道路一样曲折,这也和我们那个时代许多文科学生的命运相似。如果说,学习德语和从事马克思恩格斯哲学著作的翻译是当时国家的分配,那么此后的多次重新选择就是在个人的志趣与能力和社会的现实与可能之间不断地调整选择,于我而言,每次选择都与国家的发展和需要不无关系,即使远在美国,国家需要也是个人选择的前提。很多人不相信,但事实就是如此。

布兰代斯大学

刚进入美国布兰代斯大学的时候,那里只有 5 名中国留学生。我沿袭在中国社会科学院研究生院的专业,一心想要攻读现代西方哲学,一度想搞懂鲁迅与尼采在思想上的联系。当时新马克思主义哲学和思想家马尔库塞恰好离开他创办的布兰代斯大学哲学系,去了加利福尼亚,布兰代斯大学哲学系就此取消了博士点,像其他美国学校一样,走起了应用道路,不是搞和航天相关的科学哲学,就是搞与医学相关的伦理哲学,而这两个方向都非我所长,因此我以一篇《鲁迅与尼采》结束了我的哲学生涯,转入了历史系比较历史专业的思想史方向。

当时的布兰代斯大学历史系有两个方向,一个是美国史方向,另一个就是比较历史方向。所谓比较历史其实就是欧洲历史,是比较英国、法国、德国、俄国这些国家的历史。比较历史专业有两位思想史名家，一位是学校的荣誉教授，西方文明史大家，法兰克·E.曼纽尔（Frank E. Manuel）教授，他是美国学术院的院士，启蒙思想和乌托邦思想领域里的权威，以研究牛顿及启蒙思想家著称，对马克思亦有深入研究。后来有一次和美国学术访华代表团聊起曼纽尔教授，大家公认他的贡献，也都认为他的名气与他的学术地位不成比例。也许因为他在二战时失去了一条腿，行动不太方便，较少出席各种公共场合的缘故。此外，他的著作深奥难懂，不适合于当代的大众媒体传播。另外一位名教授是鲁道夫·宾尼（Rudolf Binion），他不仅懂得欧洲思想史，也精通欧洲文化艺术史，还是心理学史的创始人之一。我转入历史系就是冲着这两位先生去的。当时曼纽尔教授已经不带研究生了，但是开一门"启蒙"的研究生课。在课上，他对中国学生特别关照鼓励。他说，他是李约瑟的朋友，一直向往中国文明，曾经站在香港眺望过中国内地，却没有机会登上内地的土地。他认为，欧洲各国的

我和先生与曼纽尔教授夫妇

历史同根同源，是继承关系，不存在"比较历史"，只有在不同的文明之间进行比较，例如在西方文明和东方文明之间进行比较，才能算是比较历史。这在欧洲中心论和西方中心论盛行的美国历史学界是相当开放和平等的观念。在他的影响下，布兰代斯大学比较历史系开设了中国历史课程，允许选择中外比较历史作为研究课题。曼纽尔教授对学生要求十分严格，经典著作的主要原文段落都要求背诵下来，学生们在通考的时候都害怕他到场。宾尼教授才华横溢，可以流利地使用英、法、德、意多种欧洲语言讲学和写作，业余还写剧本，自编自导自演。他喜欢用一些概念来贯穿思想家和文学家。例如他讲授的一门题为"人类生存环境"的课程，就是从莎士比亚、卡夫卡、卡缪等人的作品中去寻找不同时代人们对于"人类生存环境"的理解。

  欧洲思想史跨度大，涵盖知识面广，对于半路出家的外国学生来说，最大的挑战就是要掌握巨大的英语词汇量和复杂的历史背景，对于我这个连《基础英语读本》都没学完就敢于去美国高等学府闯天下的"愣头青"（我妈妈总说我像"愣头青"）来说，考验可想而知。每天早上上学，标配是一个小录音机，加上一小水壶的茶水和两片加了花生酱的廉价面包，有时还带上一个小苹果。晚上回到宿舍，再重复地听录音，伴着读那些似懂非懂的书。好在研究生不怎么有课堂考试，论文可以假期过完以后再交，这样一来，寒暑假除了打工糊口，就是写论文了。

  我花费一个暑假完成的宾尼教授欧洲思想史课的论文，却引起了一场风波。宾尼的助教若波塔（Roberta Recht）是一位很友好的女士，也是一名注册心理学家。她告诉我，宾尼教授很纠结，他认为如果不论英文，我的论文达到了"A"级水平，但是因为我平时少言，他不认为我有能力写出这样的论文，但是又想不出我可能作弊的方式。我当时很气愤，但是若波塔告诉我，最好的证明自己的方式就是再修一门宾尼的课。我接受了若波塔的劝告，结果拿了两个"A-"。两门课下来，我增长了自信，宾尼教授也成为我在系里的支持者。若干年后，宾尼教授在法国讲学，我借助欧盟项目邀请他顺路来中国的北京、南京、上海、西安等地讲了两周的课，他非常认真地写了两本笔记。据说他回到美国以后，至少有一年的时间，逢人便说中

宾尼到中国讲学，我从旁协助

国,看来中国之行给他的文化冲击不小。

我的奖学金用罄了的时候,英文语言能力也就逼得差不多了,艰苦的半工半读此时才正式开始。周末在中餐馆"跑堂"的收入是不错的,但中餐馆的老板通常是不喜欢我的,因为美国的食客们见我这个"跑堂的"竟然是名校的学生,就会多聊几句,也多给点小费。当然"翻台"也就慢了。辞掉中餐馆去做清洁工,碰到很刁钻的人家,每次支付 4 小时的工钱。有一次发现我们 2 小时就干完了,就自动减了一半工钱,于是我也就炒了这家的鱿鱼。后来,找到了免交食宿费的类似家庭保姆的工作(英文叫作"live-in"),终于又可以正常上课,直到把全部课程修完。

在一个出版商家做"live-in"

我做过四五家的"live-in",主人家从半失明的老木匠到教育图书出版社的董事长,从食利的殖民者后裔到自立的女图书管理者,大都是八九十岁的老人。我一边照顾他们,一边从近处、从深处观察美国社会,体味美国式的百态人生,这些都是从社会科学的课本和课堂上学不到的。

结缘社会保障

在学校,我在博士资格考试中通过的科目是思想史和社会史。起初,我并没有选择社会史,而是选择了政治外交史。但是有位美国教授提出,要我以朝鲜战争作为学位论文的题目,还说作为中国人我可以拿到美国人拿不到的研究材料,拿博士学位比较容易。我理所当然地回绝了。选择社会史主要是从可行性考虑,因为所有的参考材料都是公开的文献,考验的是学生的理解能力和分析方法。我当时对自己的理解能力很自信,美国人搞不懂的有些社会现象和概念,我感觉不难懂。也许因为我们这一代中国文科生的知识基础和英语能力虽然比不上美国学生,但是社会阅历十分丰富,这些阅历有助于提高人的思维能力和判断能力。

当时,中国的改革开放事业全面展开,影响波及海外。布兰代斯大学内有一所相对独立的海勒学院(Heller School),是当时美国社会福利领域的最高学府。海勒学院有深厚的犹太思想传承,当时的院长是美国前社会保障署署长。看到中国正在进行史无前例的改革,海勒学院也开始尝试与中国建立交流关系,并准备派一个教授团到中国讲学,然后再请一个中国代表团到海勒学院访问。为此,海勒学院特别编写了一套有关社会福利保障概念的简易讲稿,请中国学生事先帮忙翻译成中文。我有幸得到了这份价值2000美元的工作。完成翻译工作之后,我对社会福利有了一种入了门的感觉,而且我当时相信,这门新的知识一定会作用于中国社会的发展进步。我向比较历史系提出,在总考(博士资格统考)中将政治外交史改为社会史。系主任老师阴沉着脸要求我提供合格的宏观经济学和微观经济学学分,他说,没有经济学的基础就不能学习社会史,然后又带着诡异的表情说:"你们中国学生的经济学都不行,这一关很难过。"

我相信,在很多情况下,人的潜能是可以逼出来的,因为我当时就是一不做二不休,重新坐到本科生的大教室里去,认真听讲、按时交作业、参加课堂考试,直到拿着合格的经济学考分找到那位系主任老师,他才不无惊诧和勉强地同意我转学社会史了。

在布兰代斯大学期间,我得益于两位教授的具体指导,一位是我的博士论文指导教师,后来做了比较历史系主任的犹太史名家,来自牛津大学的 Bernard Wasserstein 教授,我们都叫他"水石教授",因为他的名字是德文,翻译成中文就是水石。"水石教授"是典型的绅士,少年得志,可能只比我大几岁,当时就已经是正教授了,而且还有很多荣誉称号。他对中国有兴趣，特别是对中国犹太人研究有兴趣，曾经多次到中国调研，我执意选择社会保障史作为我的博士论文，他似乎有点勉强，但在论文设计、资料来源方面，还是给了我关键性的帮助。在他的指导下，我去查阅了英国殖民部和外交部的档案，这些成了我博士论文立论的关键一手资料。后来，"水石"教授回到牛津大学主持犹太研究。20世纪90年代我随中国社会科学院代表团访问英国，遇到一位英国学术院的院士，聊起"水石"，他不无遗憾地告诉我说，"水石"教授因为撰写的有关犹太人在中国的著作"政治不正确"，所以失去了在牛津大学的教职，去了耶路撒冷大学，后来又回到了美国，在芝加哥大学任教。他认为"水石"教授是有才华的，他还说，在自由制度下居然还能出这样的事，其实还是挺耻辱的，他的确是用了"shame"这个字，也可以理解为"令人遗憾"吧。

我的另外一位恩师是海勒学院的百瑞·弗里德曼（Barry Friedman）教授，他算是我的系外导师，也是良师益友型的导师。百瑞是劳动经济学家、麻省理工学院诺贝尔经济学奖得主弗兰科·莫迪利安尼（Franco Modigliani）教授的弟子，知识全面系统，授课条理分明，为人十分和善，在学生中的口碑很好。百瑞本人对中国也有兴趣，后来作为世界银行社会保障制度改革的专家多次到过中国。在美国的时候，百瑞的办公室总是开着门，我去讨教，他也是每问必答，不像历史系教授那样"惜时"。我问百瑞，同是布兰代斯大学，为什么学生在海勒学院就能得到更多的帮助？百瑞淡淡地说："That is why we are

百瑞来华访问时,我们给他过生日

here for"("这是我们的职责所在")。这句话使我终生难忘。当时我在精神沙漠里苦熬,听这话,我相信了助人是为师的职责,也是人生的目的。我回国以后,百瑞来中国调研社会保障制度改革,有时请我帮忙翻译。我凡能找到时间,还是一如既往地帮他翻译,并向他学习,对他的思路十分了解。因为他也懂得一点中文,有一次我"超前"翻译,被他听出来了,就问我怎么会知道他下一句要说什么。

历史系还有一位值得一提的人物,就是斯蒂文·舒克(Stephen Schuker)教授。他是名不虚传的"十年磨一剑"的学者,在哈佛读了十年才拿到博士学位,但是他的博士论文《法国在欧洲优势地位的终结》(*The End of French Predominance* in Europe）一出版就成了经典。这位舒克教授在学生的口碑中也是位传奇人物，据说他的私人藏书就可以开一家图书馆。现实生活中的舒克教授是位心直口快、毫无城府的人。他讲的课十分生动，也特别深入，话语不多，但视角独特。他的欧洲当代史通论是必修课，算双倍的学分，开的书单很长，每周都有六七十本之多。有一次我问他，您开这么多书读不完怎么办？他反问我，"你是研究生吗？"我答："是啊。""研究生还不知道怎么读书？"说完扬长而去。他给我的最好评价就是"You are really OK"（"你真的还行"），我也就很知足了。

在美国留学期间，中国人不多，但相互来往不少。当时，汝信副院长恰好在哈佛访学，专攻哲学史和文明史。我们几个来自中国社会科学院的留学生集体去他家打牙祭，吃他亲自烹饪的"汝氏烤鸡"，和总是笑眯眯的夏老师攀谈一会儿。汝信副院长说，西方思想史如果搞不懂乱写，就还不如翻译些名作。这话还是挺实事求是的。我在学习最困难的时候，哲学所的何兆武先生到访布兰代斯，在校园里一路走下来，讲了很多鼓励的话，他说，用于打工的时间不是白费，而是在生活中学习，是求之不得的经历。

1985年在美国居所——地下室中

他还向我约稿，希望我选择一部有影响力的西方名著翻译成中文，由商务印书馆出版。我当时选择了马克斯·韦伯的《新教伦理与资本主义精神》。何先生连声称好，但是他回到北京后来信说，这本书已经有别人翻译了，让我另选一本，我当时正好在写《尼采与鲁迅》，就选了尼采的《论道德的谱系》，翻译那本篇幅不长的书竟然让我断断续续地用了两年的时间，此是后话。

1983年，中国社会科学院美国研究所的朱传一老师在海勒学院短期访学，有时会和我们聊天，我们说到"social security"在中国没有一种对应的制度和概念，于是商量着先把它翻译成中文。我们尝试了"社会保护"，后来发现"社会保护"另有其英文对应，应当是"social protection"，其他的可能性也有了更合适的对应，如"social safety net"应当是"社会安全网"，而"社会保险"则应当是"social insurance"。几经商量之后才选中了"社会保障"。朱传一老师为此向中央打报告，认为建立中国社会保障制度很重要，得到最高层批复后，他很兴奋，又一再鼓励我们继续研究，这对我的研究转向也有促进作用。

硕士结业后回国工作

1985年，我终于通过了"总考"，又顺利完成了开题报告。初战告捷，我急不可待地要回国去工作。祖国如火如荼的改革开放事业和日新月异的变化像巨大的磁石一样吸引着我。我相信，回国可以学以致用，同时也可以从实践中补充知识的不足。布兰代斯大学允许通过博士资格考试的学生领取相关领域的硕士学位证书并离校参加社会工作，完成博士论文写作后，再回学校答辩。我就利用这个政策，领了一纸硕士证书回国工作了。

儿子在南京出生 38 天后，我把他留给爷爷奶奶，赶回美国去考试

1985 年的北京到处都在吹着改革的新风。知识青年们的思想极其活跃，大家如饥似渴地学习着国门打开后涌进来的各种新鲜知识。作为刚刚从美国归来的学子，当然也就成为各个机构征询知识的对象。那个时候的周末，基本上是在北京的各场会议上度过的，不是参加北京青年经济学会的讨论，就是参加三联书店的聚会，要么就是帮助某些机构建立对外联系。还有些素不相识的学生和青年不断地找上门来，提出各种各样有关外部世界的问题。我在几个工作单位之间进行了一番比较之后，

决定留在中国社会科学院从事研究工作,并将工作关系从哲学研究所转到了西欧研究所。

当时,中国的青年改革者们已经开始在研究如何建设"社会主义市场经济"的问题。市场经济的先天不足用怎样的社会政策来矫正?西方资本主义市场经济为什么能够保持比较长期的社会稳定?这些问题提出来,社会保障作为一种市场经济的配套制度自然就受到了特别的重视。我在中国社会科学院西欧研究所的第一项任务就是参加李琮所长领衔的"西方社会保障制度研究"。在那个项目中,我承担了《西欧社会保障制度》一书三章(即"理论"、"历史"和"比较"三章)的写作。说是写作,其实就是学习,找些相关的书来看,边学边写,边为我的博士论文打基础。

回国以后,我总想着怎么把西方社会保障制度的来龙去脉梳理一下。那篇《欧洲社会保障的历史演变》就是我正式迈入社会保障研究领域的第一步,其中有些观点我坚持了几十年。那时我尝试从社会历史的长河中寻找人类自我保护的方式,发现现代社会保障制度的起源可以一直向前追溯至前工业化社会。现代社会通过建立社会保障或社会保险制度来保护自己,这种特殊的保护方式其实就是工业化的产物。社会保障制度是国家通过立法和行政权力对市场经济进行补充和矫正,以适应工业社会风险的结果,它的出现标志着资本主义国家制度进入了一个新的历史阶段。除此以外,我还发现,尽管当代的社会保障制度形式与产业结构和产业发展不无关联，但是一种新的制度的出现往往是政党政治斗争和政治领导人决断的结果。

在中国社会科学杂志社，我遇到了一位好编辑——孟宪范，那篇《欧洲社会保障的历史演变》她让我修改了不计其数遍，我只记得一开始修改是在1987年春，正式刊发是在1989年1月，前后近两年的时间。为了回答她提出的问题，我的思路也越来越清晰，信心也提升了。当然，同样的题目，让我现在来改，可能会改得面目全非。

与此同时，我开始翻译尼采的《论道德的谱系》，以重温我搁置已久的德语。在业余时间，还给一些正在实行改革开放的政府机构帮忙做外联和翻译工作，给报刊写写短文，给体制改革部门撰写有关西方国家社会保障制度的咨询报告，当然还要照顾和教育一岁多的儿子，此前他一直和爷爷奶奶生活在一起。"忙碌"成了我那个时代的记忆。四年的时间居然不知不觉就过去了。1987年，我在北京青年经济学会上的有关社会保障的文章获得了一个一等奖，1989年1月，我在《中国社会科学》上发表了《欧洲社会保障的历史演变》，而尼采《论道德的谱系》也于90年代初在三联书店出版。做完这些工作，又代表西欧研究所参加了在德国举办的社会保障国际会议，并顺路去英国公共档案馆复印了一批历史档案后，我回到美国撰写我的博士论文。因为低估了博士论文的难度，原来计划半年之内完成论文，却又整整花了两年的时间。

1989年下旬再返布兰代斯，很多中国留学生开始热心政治,而我的目标就是拿博士学位后回国。因为不再有奖学金,所以我当时不仅要打工挣钱,还带着5岁多的儿子,需要为儿子的入学和中文教育奔波。后来我的房东,路易·艾黎的朋友,哈佛教育系的兰本达(Brenda Landown)教授又患了脑溢血偏瘫,需要照顾,我的时间恨不能一分钟掰成两半儿用。为了能多挤出一点时间来写论文,我先辞去了波士顿精神卫生局社会工作者的正式职位,回到中国餐馆去打周末工,同时在《侨报》包了一个版面写点小专栏。

为了让儿子和一批中国留学生的子女每天下午三点放学后有个集体学习中文的地方,我和先生四处奔波,在剑桥镇注册了一所中文学校,白手起家、义务劳动,找剑桥教委谈判、到多民族委员会申辩、聘请中文教师、联系校车接送,忙活了一大圈以后,"剑桥中国文化中心"居然成了有规模的中文学校。作为第一任董事长,我提出并践行了一系列的原则规定,例如所有的管理者,包括董事长、副董事长和校长、会计等都不领取工资,任课老师按照最高市价支付工资,这样学生家长就可以支付低于市价的费用让孩子们入学。我们的中文学校每天开班,为的是有利于孩子在外语环境中巩固所学的中文。我们还制定了使用国内通用教材,与国内同步教学等政策。

我把博士帽戴到儿子头上

我提出的口号是:"让小留学生的家长能无后顾之忧地带子女回国工作。"为了能够更好地保护中国留学生的利益,我受剑桥教委的推荐,成为剑桥市少数族裔委员会的委员。在打工、社会工作、子女教育、家务劳动之间,当然还要坚持写博士论文,偶尔去哈佛听听学术演讲,当时主要听保尔·皮尔森(Paul Pierson)的讲座,感觉那是一种精神上的享受和奢侈。所以,我当时学会了计划使用时间,一星半点也不能浪费。终于熬到了博士论文答辩,那年我已经39岁了,儿子也已经7岁了。带着孩子读书也是我们那个时代的特点。

我的房东兰本达

兰本达

还是说说我的房东兰本达吧。她是位值得人敬重的长者,我重返美国后就一直住在她家,最后给她送终。她自己承认,当她知道我有可能回美国完成学业的时候,就处心积虑地安排我住在她家,因为她从认识我开始就对我有一种喜爱和信任,这种喜爱和信任当然是双向的。我想在这里收录我为她的《探究—研讨教学法》中文版写的序言中的片段。

1985年的一个春日,我在波士顿住所接到一个电话,电话线的另一端是一个陌生的声音,浓重的英国口音里透着年轻人才有的活泼:

"我叫兰本达,已经80多岁了,还想学习中文,请问愿意赐教吗?"

"当然!"我不仅愿意教,而且非常想结识这位对中国有兴趣的80多岁的求学者。

那次电话开始了我和兰本达教授之间历时5年的友谊。这5年中的前半年,我是兰本达的中文教师。此后,我回中国工作,她则在美国为山丹培黎学校募集捐款而奔忙。中间她到北京来,我们在胡梦玉教授家相聚畅谈过一晚。在最后的半年多里,我在波士顿兰本达家中和兰本达朝夕相处,直到她生命的最后一刻。

兰本达是个认真主动的学生。每次汉语基本练习之后,她总喜欢用不太流畅的中文讲述一段她在教育事业方面的求索经历:"我来自英国……英国的教育我不满意,就到了法国,也不满意……又到了瑞士,最后到了美国……""你听说过工合运动吗?""路易·艾黎,我支持他的事业。""手脑合用?手脑并用?……也是我的意见。"与其说兰本达是我的学生,莫若说我是她的学生。从她那里我知道了教学需要考虑到轻松适学的环境和气氛，懂得了"探究—探讨教学法"，了解了美国左翼人士对中国的情感和对世界的看法，理解了兰本达和她晚年的朋友路易·艾黎等外国友人的毕生追求。我教过不少学习中文的学生，多数是大学生和研究生，全部都比兰本达年轻，但是教兰本达最轻松，因为她主动学习，因为她有那样多的话要用中文讲出来！

我记得，当时写这篇序言的时候，我的泪水一直都没有止住。到最后，我写道：

> 我曾经见到过有些教师，他们是课堂上的教师，兰本达则是生活中的教师，她并不经常对人讲授她那知名的教学法，而是喜欢向人提问，如果别人有问题请教她，她也不会告诉人"这般那般"，而是提问"一、二、三"，她的问题有些尖锐，可以为人开拓思路；有些问题很关键，可以让人感到柳暗花明；提问到了后来，要请教她的问题就不答自解了。
>
> 我曾经见过一些学者，他们是故作惊人之语的学者，有些在标新立异的基础上，还能自圆其说，自成一家。兰本达谈论学问，从来不像那些从理论又引发理论的学者，她总是先讲述前人的贡献，维果茨基的认知过程和路易·艾黎的手脑并用，再谈自己的工作

和发现,既简明扼要,又条理清楚,全没有语出惊人的色彩。很多人以为,理论若不艰涩难懂,便不成其为高深,兰本达却还理论以质朴真实的本来面貌,使了解她的理论原则的人在生活实践中常常不由自主地想到它们。

我曾经遇到过许多人,他们很善于谈论"出以公心"。兰本达虽然不会唱利他主义的高调,但是她以86岁的高龄,每天工作十几个小时,不是为了个人盈利,不是为了子女的福利,日复一日、年复一年……至今,那不懈的打字声似乎还在楼顶。

写到这里,我觉得意犹未尽,就又接着写:

在我们的生活里,有些人相识了又忘记了;在我们的记忆中,有些人出现了又消失了。但是也有些人,听过他们的一席谈话,能让人感到刻骨铭心;和他们的短暂交往,能使人受益终生。兰本达教授已经不在了,但是她留给我们的一切记忆,并不逝去,好似绿树常青。

合上电脑,兰本达似乎又活灵活现地站在我面前。这位有成就的教育家一直过着极为简朴的生活。她的厨房里摆满了各种瓶装豆类——因为这就是她的主要食物,她的餐桌上堆满了报纸和文件——因为这同时又是她的办公桌。她的那部老式的打字机,总是发出不间断的打字声,就好像是一台自动打字机。兰本达的重要娱乐或休闲活动是在小院里沤肥、种菜,并愉快地让我们分享果实。她还会把嫣红的玫瑰花制成茶,当作口红,有时直接撕下多余的花瓣放在嘴里。看着我诧异的眼光,她会说:"难道你不知道这花是可以吃的吗?"每周,我先生会陪她去菜场购物一次,回来以后,她都会彬彬有礼地正式表示感谢。有时她会耐心地听我讲述我的专业,并常常给我以鼓励,她的提问总是充满智慧,能让我于回答问题之际把自己引入更高的境界或更深的理解,每每如此,我就能看到她那双灰色的大眼睛里闪烁着灵动的光。

中国改革开放一开始,兰本达就于1979年作为联合国儿童基金会的专家访问了中国,在中国遇见了与她有类似追求的路易·艾黎,并深深地为之吸引。从此,兰本达把她的余生与路易·艾黎在中国的事业紧密地联系在了一起。两位老人每次通过越洋电话之后,年逾八旬的兰本达都会将兴奋的心情带入更加辛勤的工作中。的确,路易·艾黎抗战时期在甘肃致力于用"手脑并用"的方式培养学生,这与兰本达的"探究—研讨教学法"是何等的不谋而合呀!是苍天有眼,让这两位为了共同信念和类似追求而在地球的两端各自顽强奋斗了半个多世纪的老人,在生命的最后十数年中有一个相见恨晚的会面和隔海合作的机会。我能感觉到老人的喜悦。

兰本达对中国的教育不无担忧。她不止一次地对我说,"满堂灌"和过度追求分数的教育方式在人口众多的中国固然有一定的道理，但是却很不利于中国孩子智能的发展。她重复强调说，能力才是获取真知的源泉，是挑战过时权威的工具。她说，一个很小的孩子在没有大人干预的情况下，有能力通过游戏得出很多有关分类、加减法甚至乘除法等复杂的结论，如果过早地用概念（例如乘法口诀）去干预这种能力的锻炼，那么孩子学到的就只是结论而不是得出结论的过程和方法。孩子从结论出发的思维方式会扼杀他们的探索精神、削弱他们的创造能力，甚至会影响他们的待人接物和社会观念，使得社会变得越来越缺乏活力。兰本达还欣喜地告诉我，她在中国的中小学科学教育界遇到了一些令她有理由对中国充满希望的教师，如胡梦玉

兰本达看望中国初级教育改革者刘默耕

和刘默耕老师,还有其他许多教师,他们并不趋炎附势,而是为了中国自然教育的事业而努力地探索。

兰本达去世以后,我们得知,老人在遗嘱中说,"不能因为她的去世而使得她的两位中国留学生房客被迫搬家,要让他们安心读完学位"。老人的律师和继承人于是安排将老人的旧砖房以我们能够承担得起的方式转给我们。这就是后来陆学艺老师和李培林老师到美国来看我们时见到的那幢红砖小房,也是我们接待过陈乐民和资中筠先生的地方。兰本达走后,那幢红砖小房成了当地中国留学生经常造访的去处。兰本达的菜地里种着非常好吃的西红柿,我们的中国留学生客人会径直到菜地里吃够了西红柿再来按我们的门铃。我们在那幢小房里也接待过几批因为过重的

小小留学生们在"兰本达小屋"前

学业和社会压力而产生家庭矛盾的中国留学生或他们的配偶,所以那里又成了中国留学生的"社会工作室"和"矛盾调解处",那里还曾经是中国留学生的子女——"小小留学生"们经常聚会的地方。那幢"兰本达小屋"现在已不复存在,房子的新主人将砖房推倒,盖了一栋大房子用于出租。

我的博士论文写的是《港英政府的社会政策》,主要是研究英国政府在香港建立的社会福利制度为什么与英国本土的制度有所不同,香港现有的制度是怎样建立起来的?所以要阅读英国殖民部的档案,主要是从 CO129 和 CO537 档案中寻找港英政府和英国殖民部之间有关如何处理香港社会问题的通信往来,时间跨度为 1841~1940 年。为了更好地理解英国在以华人为主的社会中如何处理有关社会福利的事务,我还到广东去找了些晚清的县志来看,找到了一些中国人自己的社会保护组织的原型,例如社仓、义仓、养救院、同乡会等。同乡会在华人海外移民组织和安置中起到了关键的作用。港英政府并没有在香港直接扶持同乡会,而是通过封"太平绅士"等方式,鼓励华商以个人身份参与公共卫生领域的社会福利事务管理。对于远道而来的英国统治者来说,热带瘟疫是巨大的安全隐患,要保证在香港的殖民统治,首先要解决公共卫生问题,制止瘟疫流行。而

我 39 岁才拿到博士学位

港英政府并不想为此投入太多,所以就要依托华人社区来提供卫生和医疗服务,因此从根源上来讲,港英政府的社会政策没有什么利他和公益的成分。

1991年苏联解体,对于美国历史学界来说,这是一个惊天动地的事件,布兰代斯大学历史系的教授们纷纷前往苏联寻找历史档案。我的博士论文答辩要等他们回国,于是一直拖到1992年1月。"水石"教授告诉我,要准备用一句话概括自己的博士论文,如果做不到这一点,就说明论文主题不明确,没有达到答辩的标准。他还说,不用紧张,因为每个答辩人都是自己论文的第一专家。后来我的学生博士论文答辩,我也事先这样提醒他们。

回国!回国!

博士学位拿到以后,做学问只是开始入门,但工作机会却接踵而来。我在兰本达教授做过顾问的一个国际发展组织做培训和项目设计,同时在哈佛大学欧洲中心做没有资助的访问学者。那段时间,我帮助中国的劳动学会组织过几期社会保障知识普及培训班,也是从早忙到晚,周末基本没有休息的时间,加班的时候把儿子带到办公室,他在电脑上玩游戏,我在电脑上工作。现在想起来还觉得很对不起儿子。

在美国,一旦有了年薪,生活方式就会改观,生活也会比较稳定安逸，但是留在美国从来都不是我的人生选择。在美国写的小诗，大都是和想回国有关，例如我在不同时候、不同场合写过"此身行作他乡客，惆怅平生未展怀"；写过"何日借得东风顺，归帆直挂长江边"；还写过"览景更思归，物异人非，天瀑难洗去国悲。父老稚儿安乐事，梦绕神追"；等等。一句话，就是想回国。

拿到博士学位一年过后，我带着儿子回到北京，回到中国社会科学院欧洲研究所，重新做起了助理研究员。过了一年，也就是1994年，欧洲研究所换届，我成为所长助理，开始了我为期20年学术研究的组织和管理工作。1995年，参加过世界妇女大会非政府论坛后，我成为欧洲研究所副所长。1996年我当选为中共十五大代表，此后的工作就更加繁忙了。

与欧洲研究所的同事们在一起

1995年，与世界妇女大会的非政府代表们在一起

中国共产党第十五次全国代表大会报到卡

//我的学术方向//

福利国家和社会保障研究

一 《福利的解析》

在科研领域，我最先定向的是欧洲福利国家研究，在研究福利国家作为一种特殊的国家制度的同时，梳理欧洲各国的社会保障制度，并为中国在相关领域的改革提供一些信息和自己的理解。离开布兰代斯大学以前，我到海勒学院拜访了著名的社会福利哲学家大卫·基尔（David Gill）教授。基尔教授问我，"社会保障和社会福利研究领域涉及的学科很多，你想从哪个角度切入？"我说，根据我的基础和兴趣，还是想集中了解社会保障的历史和哲学。他给我推荐了一批书，其中包括维伦斯基和勒博的《工业化社会与社会福利》（Harold L. Wilensky & Charles N. Lebeaux, *Industrial Society and Social Welfare*）、瑞姆林格的《福利政策和欧洲、美国和俄国的工业化》（Gaston V. Rimlinger, *Welfare Policy and Industrialization in Europe, America and Russia*）、波兰尼的《大转折》（又译《巨变》）（Karl Polanyi, *The Great Transformation*），以及艾斯宾-安德森的《福利资本主义的三个世界》（Esping-Anderson, *The Three Worlds of Welfare Capitalism*），还有一些其他的书，但基尔教授说，这几本书是基础的基础。我设法购买或复印了这些书籍带回了中国。

回到中国以后，有一些国际性机构邀请我去工作，例如联合国国际开发署，我也给世界银行和联合国儿童基金会做过社会保障改革和医疗卫生体制改革方面的顾问。布兰代斯大学的博士学位在当时还是有一定的市场价值的。允诺的薪酬是我在欧洲研究所工资的数十倍，甚至数百倍。但是我这个人对于赚钱多少没有什么特殊的感觉，却总是盘算着自己还有多少事要做，还有多少时间可以做事，常有时不我待的迫切感。对于国际组织的职位，我也不是完全没有动心，我的职业标准是看自己在哪里可以发挥更大的作用，能够做成几件事。思考了大概不到半天的时间就下决心放弃国际组织的工作。当时还有另外一些就业机会，例如当时父亲已经任职香港，有些香港富豪听说我完成了学业，就提出要为我提供在香港工作的职位。一则是我父亲严令禁止子女到香港谋职，二是那些赚钱的职位与我多年来的积累和兴趣特长相距甚远，所以根本就不在我的考虑之列。经济上拮据惯了，满足于够用就行。第一次回国的时候，经济上的确有点紧张。每个月97元的工资，30元用于儿子的小保姆，30元用于房租水电杂费，30元在月初时订好了牛奶、买齐了粮食和油盐，余下的7元，每天买2角钱的肉末给儿子包肉包子。居然也就都够用了，还对自己的理财能力颇感满意。第二次回国的时候，月薪涨到365元，也觉得够用了。其实，我决定继续留在中国社会科学院工作的主要原因大概有三个，一是我觉得作为留学归国人员，理应为祖国的进步尽些绵薄之力；二是我自信在"体制内"可以做出点积极的贡献，例如可以帮助同事获得更好的研究条件，使中国相关领域的研究提高一个档次；三是希望能够有更多自主的时间，将我当时对于社会保障和社会福利的理解和发现写成一本书，我当时感觉，这本书应对中国相关领域的改革有些参考作用。若干年后，我遇到有些大学教授，他们见到我的第一句话就说，读了《西方社会福利的解析》，眼界为之一开，而后就走上了社会保障研究的道路。知道我的那本小书的确发挥了一点儿作用，我真心地为当年的选择感到欣慰。

《西方社会福利的解析》（这是编辑给我起的书名，为了和丛书中的其他各卷保持一致，而我习惯地把这本书称为《福利的解析》）第一版印刷是在1996年，后来与东方出版社的一套研究西方的丛书一道于1998年出版。这本书的篇幅不长，写作的目的是厘清社会福利与职业（或部门）福利之间的区别。因为我看到当时国内学界各种观点十分混乱，市场经济正在初创，而创建与市场经济相互配套的社会互济和再分配制度的重要性却远没有被广泛认知。不少人认为，市场本身就具有平衡和公平的作用，不需要社会性的福利制度；也有不少人认为，社会保障就是部门福利的一种形式，将社会福利与部门人力资源政策混为一谈。如果按照这种理解，社会保障工具就会被用于部门之间的相互竞争，成为扭曲市场的一种力量。所以，我觉得有必要把市场和社会在社会保障制度中的关系说清楚。

我记得有一次和父亲讨论学文和学史的差别问题。他说，文史相通，文中有史，史中有文。比较起来，史中文更多，好的史学著作往往同时又是好的文学作品，所以还是学史有意思。

父亲偏爱文学,但他却不主张我学文。当然,我后来离开文史,进入经世致用之学,他摇摇头说看不懂。也许是受父亲的影响,我常常告诫自己和学生,写文章是让人看的,无论写什么,都要想办法让人看懂。所以,在写枯燥乏味的《福利的解析》时,我特意在前言中引用了我的一段住院经历,比较几位来自不同单位的病友所享受到的"福利",以此作为吸引读者的出发点,进而逐步分解社会福利和职业福利的不同概念和责任方,梳理中国人对于西方福利的误解,并介绍西方的福利制度体系。有些读者告诉我,他们记得这个故事,由此而对社会福利的概念产生兴趣。我在那本书中的主要观点是:社会福利的机理是社会稳定和社会互济,职业福利的机理是激励和吸引人才,两者不能相互混淆,属于社会的福利应当社会化,属于单位的福利不应搭社会福利的便车,否则会损害社会福利的社会公正性。简单地说,社会福利应当注重"雪中送炭",而职业福利就包含"锦上添花"的意思了。大概就是这个意思。不少读者就记得这个结论和那个住院的故事。

  我有个毛病,文章写完了就不再想,甚至有时没写完之前就开始思考下一个题目了。这个毛病后来也把我自己整得像个玩杂耍的,拿着一大把的皮球,接着一个就先扔上去,再接一个再扔,一连扔了好几个,哪个先掉下来先接哪个,保证时间和精力的相对集中。如果那些皮球一起掉下来,就把我自己累趴下了。

  《福利的解析》出版以后,我开始承担了大量的研究所行政工作,包括外事工作、科研组织工作,还有大量的社会工作,后来我当了党委书记,还有党务工作,所以对社会保障和社会福利的跟踪研究只能断断续续地进行。每年都会写上一两篇相关题目的文章。对于欧洲联盟的研究也集中在社会政策领域。偶尔利用出国开会的机会,到经合组织等机构去挖些新资料,有了新发现就写些小文章。记得有一次我到巴黎经合组织的图书馆,看到一本小书叫作《私营养老金与公共政策》,是1992年出版的,只有42页,和我在《福利的解析》中探讨的问题有相似的视角。书里讨论了私营的职业年金的国际比较,这使我想到美国和欧洲大陆国家养老金制度的不同。欧洲大陆国家公共养老金的替代率高,多数人不需要额外的私营职业养老金或个人养老金,也能有很好的晚年经济保障。所以,在欧洲大陆国家,职业养老金远不及在美国那样普及。在美国,很多行业都有自己的职业养老金计划,雇主和个人缴纳的这些职业养老金通过管理运营进入资本市场,形成庞大的基金,在金融市场上呼风唤雨,推动了20世纪80年代的金融国际化。在美国享受私营职业养老金的个人可以通过基金运营情况的报表,随时跟踪了解自己的职业养老金资产的损益情况,麻省理工学院的马丁·瑞恩(Martin Rein)教授把这种现象叫作"人民资本主义"或"大众资本主义"。他认为,由于养老金制度的不同,美国资本主义通过个人储蓄养老金产生的动力,将资本主义制度推向了一个新的阶段,而欧洲资本主义还停留在集体福利的阶段。

既然私营职业养老金有这样大的影响力，就应当去了解它。我问百瑞·弗里德曼怎么入门，他推荐我去纽约的"雇主委员会"碰碰运气。有一次到美国开会，我就抽空去了一趟那个位于纽约市中心一栋大楼里的"美国雇主委员会"，说明来意后，对方摇了摇头说，雇主给雇员提供的职业年金都是商业机密，不能公开，这也是竞争的需要。怕我不信，还带着我在那层楼上逛了一圈，看到的净是些上了锁的大铁皮柜，都有一人多高。我再仔细看了看经合组织那本书里的数据，竟然也没有完整的数据，断断续续的，全无可比性。我知道经合组织有很强的专家研究团队，做成这样就验证了我在"美国雇主委员会"看到的现象。大资本家们要赚钱，将职业养老金作为激励机制，用于在市场上竞争人才，所以是不会轻易公开这些数据的。

虽然这番努力没有达到我的预期，但我最后还是决定将已经学到的知识写出来，这就形成了一篇名为《从欧美养老制度的异同看政府的作用》的文章，发表在《国际经济评论》1999年第6期上。文章比较了欧美国家在社会保障领域里承担的责任的异同，认为欧洲国家在养老保障领域承担的责任大于市场，而美国的社会保障制度只是保基本，对于更高层次和不同种类的养老需求，美国政府是通过制定财税减免政策，鼓励企业和个人利用市场来为更加充裕的个人养老保障积累资金的。不仅如此，因为私营的职业养老金是"确定缴费"型的，而且是全额积累的，所以自然就形成了能够左右社会和政治局势的庞大的养老基金和养老基金利益集团，这些养老基金还影响了美国资本市场的发展。在美国，发达的房地产市场、股票市场以及成熟的基金管理和监控体制，这些都有职业养老金的助力，也是职业养老金市场化运作的必要条件，但职业养老金的盈亏并不是政府的责任。市场给职业养老金带来的冲击一般由个人、家庭和企业消化，不关政府的事。在欧洲，政府承诺了很多，也负担了很多。在欧洲国家的养老机制中，附加养老金也是公共的，也是要由政府承担责任的。后来英国率先改革制度，"撒切尔革命"的一项重要举措就是政府与"附加养老金"脱钩，让个人自由选择市场提供的各种机会，作为补充养老的来源。在当时，老年人的收入来源中公共养老金的占比在美国只有 29.78%（1979），在德国却高达 54.14%（1981），[1]结构性分野显而易见。经合组织的研究显示，这种结构性的区别与社会公平无关，因为德国退休老人的基尼系数几乎相等于美国同一年龄层老人的基尼系数，所以对于退休老人这个群体来说，高政府投入并不意味着更高水平的社会公平。毋庸置疑的是，美国的社会保障制度模式与私营职业养老金的迅速发展密切相关，而私营职业养老金的发展又与美国资本市场的飞速发展密切相关。据美国劳工局统计，美国私人养老金的种类 1946 年以前只有 7311 种，到了 1989 年就达到了 80 万种。

---

[1] *Private Pensions and Public Policy,* OECD Social Policy Studies, No.8, OECD 1992, p.46.

金额储备也从 1950 年的 130 亿美元发展到 1989 年的 1.836 兆美元。①

上述这类的小研究总是能吸引我的兴趣。有一次，我应《欧洲研究》编辑部主任陈志瑞之约，写一篇有关欧洲联盟社会政策的文章。我当时的外事活动繁多，行政事务也很繁忙，整天忙得焦头烂额，偶尔看到一些有关欧洲联盟社会政策的评论，总感觉不大合乎逻辑。陈志瑞的约稿恰好给我了一点清理欧盟社会政策来龙去脉的动力。我抓了几天的空隙，在欧盟网站查找与社会政策相关的法律和条例，从欧共体时期开始查起，结果发现过去的很多认识并不正确。社会政策从欧共体建立伊始就是欧洲建设者们考虑到的问题，但是经过几十年的发展，仍然没有形成欧盟层面的社会保障机制，已有的政策都是为了适应市场发展而制定的劳动力基本保护措施，而且欧盟在很长一段时间内都没有建立统一社会保障机制的计划和雄心。所以，很多欧洲学者批评欧盟就是一个"新自由主义"的工具。

正确认识欧盟在社会政策领域的地位和作用，对于我们理解欧盟到底是怎样一个政治体制很重要。毕竟，如果没有强大的政治权力和广泛的社会认同，涉及社会再分配的社会保障机制是实行不起来的。欧盟在社会保障领域实行的"开放性协商

---

① *Private Pensions in OECD Countries, the United States*, OECD Social Policy Studies, No.10, OECD 1993, pp.9-10.

方式"正好说明了欧盟政体的不统一,社会保障制度的缺位说明欧盟作为一种政治权力,其实是很弱小的。尽管欧盟成员中有不少都是世界上典型的福利国家,但这并不意味着欧盟就可以很容易地成为"福利联盟"。和美国推动的"新自由主义"比起来,欧盟是保护主义的,而和欧洲福利国家比起来,欧盟又是自由主义的。所以,欧盟左右不逢源,受到来自极"左"和极右的双重反对和挤压。通过这项研究,我一再告诫年轻人,写文章一定要刨根问底、追根溯源,要使用第一手材料,千万不能望文生义,千万不要只看别人怎么评论就开始写文章,一定要看原始材料里是怎么说的,然后再做出自己的判断,别人的评论只能做参考用。中国的社会科学还处于发展中阶段,在这个阶段编译出版各种书籍对于普及知识是重要的,但是要想发展中国自己的社会科学,就不能只靠编译,还需要敢于碰硬,哪怕是在很小的领域,在很小的问题上,开始进行独立的研究。

二 《里斯本战略》与《福利国家向何处去》

我也会写些跟踪形势的文章,这在国际问题(或国外问题)研究机构是日常的工作。例如,欧盟在2000年发布的《里斯本战略》,我认真地阅读了几遍原文,自认为理解了其中的逻辑,就写了一篇评论《里斯本战略》的文章发表了,不仅发了中文的,而且还在新加坡发了英文的。但是,因为有些判断是推测的,所以一段时间里还是有些忐忑,生怕推断错误,贻笑大方。

那段时间里，但凡有人讲《里斯本战略》，我就会本能地竖起耳朵来。有一次在澳门大学开会，来了一位葡萄牙的教授讲《里斯本战略》，我听到了熟悉的逻辑，那正是我的推断方法！而且还有很多我不知道的内情！茶歇的时候我问那位演讲人是否与《里斯本战略》的问世有关联，她笑着答道，"我就是起草人"。这位教授就是玛利亚·罗德里格斯（Maria Rodriguez），在现任联合国秘书长古特雷斯任葡萄牙总理期间，她担任葡萄牙的劳工部长，后来在普罗迪任欧盟委员会主席期间，做过欧盟社会科学顾问团的团长，后来当了欧洲议会议员、欧洲议会社会民主党团的副主席。她关注的领域恰恰是欧盟的社会政策和社会保障。当时在澳门，我们也是相见恨晚，聊着聊着，我验证了过去对欧盟社会政策的很多判断，也了解了很多新的情况。茶歇过后，我俩谁也没有再回会场，而是一杯咖啡喝到中午。从那个时候起，我和玛利亚相约，如果我到布鲁塞尔一定告诉她，而她来北京一定联系我。我们继续有关社会政策和欧洲一体化的话题。

玛利亚·罗德里格斯属于欧洲左翼精英人士，这些人往往都是支持或致力于欧洲一体化建设的，而玛利亚更是能够为欧洲一体化事业废寝忘食的那种人。在葡萄牙任欧盟轮值主席国期间，葡萄牙总理任命她为"欧洲事务夏尔巴"，办公室设在总理府内，专门向总理提供有关欧盟事务的意见和建议，直到葡萄牙卸任轮值主席国。这里需要解释一下"夏尔巴"。"夏尔巴"一词来自生活在喜马拉雅山麓的"夏尔巴人"，他们的生

我和玛利亚在中欧智库会后

计就来自给远道而来的登山人带路,以免这些登山探险者因路况不熟而跌入山谷或遭遇其他危险。欧洲很多国家的领导人身边都有"夏尔巴",但这些"夏尔巴"并不一定是公职或专职,很多情况下是兼职。"夏尔巴"也分为不同的领域,例如默克尔有中国问题"夏尔巴",也有全球治理问题"夏尔巴"、美国问题"夏尔巴",等等。所以,所谓"夏尔巴"其实就是高级智囊。这些"夏尔巴"通常和学界保持着密切的联系,以便随时组织研究,并整合意见,提供给需要进行决策的领导人。玛利亚做过葡萄牙总理的欧洲事务"夏尔巴",也应当是欧盟的社会政策事务"夏尔巴",因此她是个真正的大忙人,她的大部分时间都是在欧盟各个成员国之间穿梭，沟通欧盟的各种有关政策。

玛利亚视野十分广阔，思维逻辑大体是经济理性主义的，也是因循欧洲社会民主主义传统的。玛利亚很少做学理研究，却十分擅长组织高层政策研究，将学界和决策联系起来，她的朋友圈大都是赞成欧洲联合的知识精英，她召集这些精英共同为欧洲联盟撰写战略发展报告，例如《里斯本战略》。欧盟宪法的修改版《里斯本条约》也是在她任葡萄牙总理"夏尔巴"时期通过的，可以想象她在其中付出了多少努力去协调立场。经常与玛利亚讨论问题的欧洲学者包括荷兰教授安东·海默瑞克（Anton Hemerijck）、瑞典教授蔡特林（Jonathan Zeitlin），还有丹麦人艾斯宾-安德森（Esping-Andersen）、德国社民党的托马斯·迈尔（Tomas Mayer）等人，他们都是关注社会福利制度的政治经济学家，他们的思想引领欧洲社会民主党的理论。蔡特林其实是美国人，欧洲的社会科学界和美国的社会科学界也是通的。常有美国教授在欧洲高校任教，也常有欧洲人到美国高校或智库任职。欧洲社会民主党的智囊在思想方法上和我就学的布兰代斯大学的海勒学院的教授们十分相近，我从百瑞·弗里德曼，还有保尔·皮尔森那里学到的方法在和欧洲社会政策专家的交流中都能用得上。由于玛利亚的学术朋友圈也是欧盟战略和政策的策划群，因此跟踪他们的研究有助于理解欧盟的政策前沿。

与这些欧洲知识分子的交往，加上过去读过的书和做过的调研，串起来就形成了我理解欧盟社会政策的一条比较完整的逻辑链条，这个链条与福利国家作为一种资本主义的国家形态有关。福利国家意味着国家对工业社会担负保护与实施管理的责任，而福利国家的国民则通过缴费或纳税获得享受保护的权利。福利国家之间存在结构、机制、方法和保障水平的差别，这是因为它们的国情和社会认同有区别，所以这些国家提供的保障和福利必须，也只能是，以疆土国家为边界，用边界来维护某种特殊性。冷战结束以后，疆土国家的边界被多重打破，福利国家内部曾经达成的社会和谐、价值认同及利益协调等受到冲击，资本力量开始跨出国门，在更大的疆域内寻找发展的机会。扩大的市场和有限的国家福利之间的矛盾就是当代福利国家改革的背景音。

我曾经多次重复，欧洲统一大市场的宗旨是帮助商品、服务、资本和人员在成员国之间更加自由地流动，以达到资源的合理配置和效率的逐步提高。随着"四大自由"的推进，欧盟的国家边界应当越来越模糊，一体化应当在社会领域产生"溢出效应"。但是，欧洲联合的设计者们尝试过多个领域的联合措施，包括建立煤钢共同体、原子能共同体、经济共同体甚至协议建立军事共同体，但是却没有认真地设计过福利共同体。欧共体的社会宪章（1961）提倡的公民的社会权利只包含一些对于工业化社会来说最基本的原则，例如公平就业、劳动者的信息权、改善工作环境和老年人的社会保护等，这些都不触及社会再分配的核心，正因为如此，欧共体和欧洲联盟被诟病为保护自由资本主义的制度。但是，缺乏政治统治力和行政执行力，又没有民族认同的欧洲联盟怎么可能获得实行统一的社会保障税费的能力呢？所以说，欧盟的市场虽然统一了，但是国家机器却没有统一；国家的经济权力让渡了，政治和社会权力仍然操纵在民族国家手里。欧洲共同体是统一的经济体，辅之以福利国家的组合，而不是超国家的福利体。欧盟的大市场发展越快，优质资源向欧盟层面的转移越快，发展越不平衡，给成员国造成的社会福利压力也就越大。经济和社会的日益脱节是欧洲联盟的根本矛盾，能否解决这个矛盾是一个重大的政治经济学议题。

1999年，我在巴黎的一次智库会上见到了"社会欧洲"的倡导者，曾经担任过法国社会党财政部长和欧盟委员会主席的雅克·德洛尔（Jacques Delors）。在他的任内，欧洲共同体出现了飞跃性的发展，他不仅倡导"社会欧洲"，提出"经济和谐计划"，还勾画了后来的欧元区和欧洲联盟的蓝图。我对这位有能力将思想力和政治力融为一体的欧洲政治家格外敬重，他现在虽然已经年逾九十，但仍然是主张欧洲联合的欧洲社会党人的"定海神针"。从他身上可以感觉到，社会欧洲的建设者们是用怎样的想象力构建层次复杂而又反映了欧洲市场和政治现实状况的社会政策模式。简单地说，这个模式在跨国的层面上回应市场发展的需要，在成员国的层面上保障社会稳定的需要。这个模式依赖传统的福利国家对非流动人口实施保护；在福利国家之间架设交流和互补的渠道，解决流动人口的社会需要；通过欧盟层面的政策，鼓励创造就业和人口流动，同时通过欧盟层面的社会立法和监督机制，对成员国的行为进行指导和监督。换句话说，就是用不同的机制侧重解决不同的问题，形成多层次和多元化叠加的治理体制。在欧洲联盟层面上，社会政策的口号是"以公平促进自由"，实际上是以市场发展带动社会发展，用社会政策补充市场不足；在欧洲联盟成员国层面上，则保留各个民族福利国家自己的基本原则和体制。这种巧妙的平衡是一定会随着时间的推移而被打破的。欧债危机之后，欧洲出现了各种社会危机，时代呼吁新一代的政治高手来创造适应新形势的新的平衡机制。否则，欧盟危矣。

我还惊叹于欧盟建设者们对于软实力的运用。在欧盟，有许多被称为"软法律"的规则和条例，所谓的"社会标准化"就是一例。在欧盟，标准化被应用于多种管理领域，特别是社会政策领域。一个多元的利益群体需要进行决策，但是又没有政治授权，缺乏约束那些多元独立群体的立法和行政力量，缺少征税和进行转移支付的工具，没有强迫这些群体遵守硬性规则的任何其他有效手段，在这种情况下，欧盟采取措施，让这些群体聚在一起，提出一个或几个共同目标，根据这些目标制定一些标准，让各国遵照实行。这种目标和标准在有共同利益和共同追求的群体中间可以起到"软性规则"和"软性约束"的作用，规则认同者们首先是在观念上，进而在行动上，朝着共同目标努力，达到彼此趋同的效果。

这就是欧盟治理的一支神来之笔。这种标准化工具曾经成功地应用于欧元区的建立。欧元的建设者们为申请加入欧元区的国家设立了一些"标记"性的规范和准则，例如年度财政赤字不超过国内生产总值的3%，通货膨胀率不超过三个最低国家平均数的1.5%，公共债务不超过国内生产总值的60%，汇率保持两年稳定，利率不高于三个最佳国家平均数的2%，等等。申请加入欧元区的国家需要自觉地通过调动各自的资源和力量，分头努力去达到这些标准。这些标准实际上对成员国产生了软性约束力。但是，这种机制的运行仰赖于目标的一致和观念的认同，依赖于各民族国家的自律，而欧元区后来出现的债务危机问题，实际上就是因为认同出现了裂痕，有些国家没有自律，甚至试图作弊。所以，拥有主权的成员国在多大程度上自觉地遵守欧盟的规则和标准，是欧盟能否成功的一个关键，也是欧盟的软实力能发挥多大作用的一个标示。

为了使欧盟成员国在社会政策方面能够趋同，我的欧洲朋友，如玛利亚等人，设计出了"开放性协商方式"机制（Open-Method-of-Coordination，简称"OMC"），以区别于相对比较硬性的"共同体方法"和"政府间方法"。所谓"开放性协商方式"，就是让所有的成员国都提出自己的议题和意见，把争端摆到桌面上来进行公开的辩论，这样就保证了重要的议题没有遗漏。在"开放性"的基础上，通过协商和讨价还价，设立社会标准。所以"OMC"是一个代表成员国意志、共识和相互达成妥协的过程，通过这个过程，成员国亲自参与设立标准，使欧盟的标准成为成员国自己的标准。例如,关于贫困问题的社会标准化工程就包含了两个内容,一是确定贫困的指标,二是统一贫困的统计标准,后者被实践证明大大有利于欧盟确立消除贫困的指标,同时由于统一了统计标准,国与国之间的差别就更加明显,成员国之间相互学习的动力被激励了起来。欧盟委员会则积极地进行统计,及时地通报信息,在就业、收入分配和社会排斥、工作时间、社会保护及社会基础设施、教育和继续教育、工作环境和职业健康以及工人参与等领域里实行信息互换和标准趋同规划,反复地组织经验交流和相互学习。

我关心这些细节,不仅仅是为了更好地理解欧盟,也是为了更好地理解福利国家和社会保障领域里一些带有根本性的问题,例如,欧盟实行了社会标准化之后,是否能够通过技术手段介入对社会保障需求的认定。欧盟自己的研究认为,更高的公共财政转移会带来更多的就业,如果想达到将一个国家的贫困率从欧盟的平均值18%降低到12%的目标,成员国必须各自提高公共转移支付的力度,如果法国还需要增加0.6% GDP的公共财政转移,那么英国就可能需要增加相当于2% GDP的公共财政转移。这就是共同目标和分头落实的意思了。在这种程序的规范下,传统的社会需求认定方式发生了变化,一些新的指标,例如技术培训和社会融入等进入了社会需求概念。社会风险也得到了重新界定。欧盟试图用这种技术手段和民主程序进行政治领导。除了社会需求的认定,社会标准化还一定程度上改变了社会行为者。例如欧洲联盟根据社会标准化得出了"英国和葡萄牙社会转移支付占 GDP 比例偏低"的结论,对这两个国家的社会政策产生了一定的舆论压力,对其他的成员国也有一种警示或激励的作用。再如欧盟委员会提议,由欧洲联盟制定在 2010 年为至少 90% 的 3 岁以上学龄前儿童提供托儿服务的社会目标,这种社会标准化的动议也在各成员国中引起了新一轮的社会基础设施建设。从欧盟社会政策的建设中,我看到了福利国家的历史局限性,看到了作为复杂利益结合体的福利国家是如何一步步成为包容各种利益和诉求的机器,看到了各主流政治派别和社会力量怎样向这部权力机器中添加符合自己利益的条款,也能在这部机器中找到自己不喜欢的东西。当然,欧盟后来的发展证明,软实力毕竟是软的。缺乏硬性机制的约束,各种利益很容易发生离散,特别是在欧盟这样民族众多、文化多元的体制内,认同很容易转移到具有更深厚传统的民族国家层面。

那个时候,由于中国改革进程已经进入了社会领域,所以,越来越多的部门要求我提供有关国外社会福利和保障方面的知识。考虑到国家的需要,我在较短的时间内为国家民政系统主编了一本《国外社会福利制度》。该书出版了十几年后,有位朋友从江苏太仓市一个乡村图书馆发来了一张照片。仔细一看,果然是我当年主编的书,只是明显是再版的。著作能入村,也是作者一大快事。

类似以上的研究经历,星星点点,集腋成裘。2006 年,我利用"五一劳动节"长假,将这些研究所得的部分文字汇集成册,又增加了一些内容,形成一本著作,命名为《福利国家向何处去》。《福利国家向何处去》开始是以论文的形式在《中国社会科学》上发表的,有大约 3 万字,有些反响,因此我想进一步扩展成书。成书以后的内容包括了我对于复合结构的国家社会职能的认识,对欧洲社会保障制度历史变迁的理解,还就一些相关理论进行了讨论,分析了产业转型和经济全球化对传统福利国家的冲击,并讨论了欧洲国家福利改革的政治问题,以及欧洲一体化进程中社会政策的整合方式,最后还尝试探讨了全球化进程对福利国家的未来可能产生的影响。

三 现代社会保障制度的国际比较研究丛书

《福利国家向何处去》出版后不久,我当选为中国社会科学院的学部委员,之后我接受了人力资源和社会保障部(当时是劳动和社会保障部)的委托,就 100 个以上国家的社会保障制度进行比较研究。由于当时的课题经费还比较充裕,我决定调动较多的人力,在中国的社会保障国际比较领域做一点基本建设的工作。我的设计是分四个步骤展开可持续的跟踪研究。

我设计的第一道研究步骤是以跟踪各国社会保障制度的资金流程为基本方法,跟踪世界上 125 个国家的社会保障经费的收入和支出(包括反映在收支过程中的原则、法律、缴费比例、管理机制等），从资金的流向和流量中考察国家在社会立法、税收（或缴费）制度以及社会行政等方面的异同。这样做的目的是将庞杂的社会保障体系还原为一种最基本的活动，也就是"收"和"支"，通过跟踪"收入转移"的基本流向和基本方式，考察国家的立法和行政机构在资金流动中的作用。通过跟踪资金转移的流程，可以看到各国社会保障制度或精妙或简约的设计，可以理解社会保障制度中的机构联系，可以观察不同国家的不同社会发展水平、不同经济政治结构及历史文化资源与它们的社会认同之间的关系等具体情况。我认为，中国在借鉴国外社会保障制度经验的时候，应当掌握、认识并理解这些信息，以及它们和基本制度结构之间的必然联系，也就是需要鸟瞰这些制度，寻找制度设计的逻辑原因和整体效果，而不是去照搬照抄个别做法。

追踪了各国（地区）社会保障五大主要险种的收缴和支付的原则与方式之后，我要求作者绘制资金走向流程图，以保证基本信息的不缺失和不同制度之间的可比性，例如每个国家的资金流程都要包括缴费者、缴费标准、收缴机构、资金管理及发放机构、受益群体、受益方式和标准等方面的信息。就这些信息进行比较，可以达到一目了然的效果。比较研究显示，在工业化社会的变迁中，社会保障制度的发展的确呈现出规律性特征。例如，工伤保险一般是早期的保障形式，失业保险随着社会就业方式的转变而变化。政府作用不是整齐划一的，但政府和市场的加总要足够抵御工业社会风险。社会保障占财政收入的比重依工业化的先后而有所差别，是工业化的派生制度，在世界上具有传导性效用等，一般都是先有工业化，再有社会保障。在后发工业社会，的确出现了简单模仿发达国家社会保障制度的现象，这种模仿因忽略本国的特性而出现过失误。

我设计的第二道研究步骤是以追踪社会保障的政策制定流程为基本方法，从一期100多个国家中选取50个国家，进行社会保障体制和机制的解析，观察这些国家社会保障的制度设计和机构设置，并以图解的方式表述出来。这项研究的结果显示出不同类型或模式的社会保障制度在哪些方面存在异同。第二期的流程图表现的不再是资金的流动，而是政策的流转，也即社会保障政策从提出、立法到贯彻执行的整个过程，我将其称为"机构图"，以区别于一期的"资金图"。如果说第一期研究关注社会保障制度的共性，那么第二期研究就是关注社会保障制度的特性，研究各国社会保障政策的动议机构、立法过程、法律和法规的执行，以及最后的效率。例如，新加坡在1955年通过的《中央公积金法》属于强制性储蓄社会保障。根据这项法令，新加坡成立了包括人力部、中央公积金局等社会保障机构在内的一整套机构体系，以保证法律的有效贯彻实施。1985年新加坡通过的《工伤补偿法》虽然是社会保障的重要组成部分，但是却采取了社会保险方式，因此不可能委托中央公积金局执行。于是，为了实施《工伤补偿法》，新加坡就另外建立了一套行政机构。1983年新加坡通过的《医疗与疾病保险法》

则既涉及传统的公积金，也涉及社会保险，需要综合调动各种不同性质机构的职能，形成一个根据不同保障原理设立的、多重分工而又相互呼应的体系，才能真正使《医疗与疾病保险法》得以贯彻落实。

第二期成果的细心读者可以读出很多新的发现，例如各国制度的比较显示，联邦制国家更倾向于多层立法，有全国立法，也有地方立法，社会保障立法由不同层面、不同领域、不同群体的不同法律规定拼凑叠加。社会保障立法与行政之间的关系也因国情不同而有疏密之分。很多情况下，社会保障的执行和管理机构在不同层面上的结构也是不同的。有些国家在国家层面上实行两部制，即社会保障部和公共卫生部，越往下层情况越复杂，社会保障分为社会保险和社会救济两个系统，医疗服务的体系就更加复杂了。社会救济和医疗救济通常由地方政府管理。通过二期研究，我们确信，行政管理和审计监督对于社会保障制度的健康运行是至关重要的，而且这些行政管理和审计监督的体制和机制是在不断变化的，这些体制和机制的变化往往要通过立法程序，而在立法的背后始终有政治力量的作用，这些政治力量有时起到促进的作用，有时又是促退的力量，对此不能做简单的价值判断。同样，对于不同国家（地区）繁简不一的社会保障管理监督机构也不能下简单的结论，因为这些机构的设置在开始的时候很可能是合理的制度选择，但是随着社会的发展就出现了效率低下或利益分配不公的情况。

我设计的第三道研究步骤是从 50 个国家中再选取 30 个国家，进行历史和法律的比对，重点放在对于历史和文化，特别是政治文化的挖掘上，目的是通过对一些典型国家和地区社会保障制度的历史、现实和理论的深入分析，披露社会保障制度产生、发展和演变的基本规律和主要特点，也就是在第一、第二期"知其然"的基础上，达到"知其所以然"的目的。

为了使对这 30 个国家的分析具有横向可比性，我要求各位作者在研究的过程中收集类似领域里的信息和参数，关注这些信息和参数在社会保障制度设计中的关系，例如：人口结构与劳动力流动、社会富裕程度与社会公共开支、各个社会保险计划的覆盖对象和覆盖面、各国社会保障制度的体制特征、政党和社会团体及利益集团的作用、社会保障制度与就业制度和教育制度及政策之间的关系、各国社会保障制度面临的具有特性和共性的挑战、改革方案以及理论观点，等等。

三期研究披露出一些值得注意的倾向性问题，如产业发展和转型、政治民主化与社会保障制度的建立和转型之间的直接关系。例如，韩国 20 世纪 60 年代开始工业化进程，到 1977 年开始建立社会保障制度，而从 60 年代到 1977 年的十多年是韩国政治动荡和社会不稳定不断加剧的时期，也是韩国式的政治民主制度逐渐形成的时期。从社会保障制度在各国的发展进程来看，主要有三种模式，第一种是先增长再分配，社会公平与社会稳定滞后于经济发展，快速工业化和城市化积累了相当多的矛盾之后，才通过政治方式建立社会保障制度，调节社会矛盾；第二种是经济和社会呈对应式同步发展，多数情况是经济和社会出现裂痕以后才发生的；第三种是全面建设社会保障制度，甚至是社会保障制度的发展快于经济发展的速度，在一段时间内可能刺激经济增长，但是难以在较长时段内持续。国家承担很多的社会责任，对人的劳动积极性产生有时是正面有时也是负面的作用，对家庭结构和人口结构也产生长远影响，在很多社会保障完善的国家里出现了人口负增长的趋势，加剧了老龄化对社会保障制度可持续性的威胁。

再如社会保障制度建设与就业形式相关，其相关性大于社会保障制度与人均GDP之间的关系。有些国家服务业发达，但是服务业就业具有短期性和临时性特征，这种灵活就业方式使以缴费为基本筹资方式的社会保障制度难以快速发展。在这样的国家里，我们看到大量的灵活就业者游离于社会保障主体制度之外。此外，历史文化因素，以及法律法规的软硬程度，都对社会保障的参保率产生影响。除了社会保障制度的发祥地欧洲以外，一些后发的国家呈现多种制度选择，例如拉丁美洲国家有不同的制度选择：一是为那些就业人数不多，但对于国家来说是支柱产业（如铜业）的就业者制定单独的优厚的社会保障计划，以稳定技术工人队伍，同时规避这些产业给就业者带来的风险（如职业病）等；二是为广大民众提供低水平广覆盖的普享型社会保障（或社会救助）。这两种制度选择最容易遭受道德责难，第一种选择是典型的所谓"碎片化"制度的来源，是在社会各类群体之间制造待遇差异的体制,所以可能受到有关"社会公平"的诘难。但是在不少国家,由于就业形式不稳定,建立稳定和统一的社会保障制度很不现实,即使强制实行,也难以解决其他方面的社会公平问题。

从各国(地区)社会保障制度的案例分析来看,多数国家实行形式各异的分权和集中的组合管理,也可以说是"混合型"社会保障制度,即社会保障制度不是简单的单一体制。在很多国家里,社会保障体制呈现上下分层:涉及人类服务的保障(如医疗和救助)大都分散到基层去决策和管理,中央政府通常负责养老金的政策制定、征缴和发放,以便实现大数定律带来的效益最大化。此外,社会保障体制还会出现纵向分类:为工伤保险、医疗保险和养老保险设立的决策和管理机构也因保障内容和保障方式的不同而有所差异。在发达的福利国家,社会保障的各种体制还会根据社会保险、社会救助和社会服务等计划的不同性质而设立。在澳大利亚的"超级年金制度"中,针对不同人群的各种基金的运营方式同样由于对象和要求的不同而各具特色。

社会保障制度绝不是简单的社会制度或经济社会制度,而是在相当大程度上受到政治力量、政治程序和政治体制的制约和影响。从国际比较中还可以看出,在社会保障的现实需求和民众想象的需求之间存在差异,前者是工业化城市化的产物,而后者是政治运动的结果。真实需求和认知需求的中间地带是经济力量和政治力量博弈的场所。设计合理的社会保障制度往往由于政治因素而难以实现,这是社会科学与自然科学不同的地方。从这个视角,可以重新审视有关老龄化的很多议题。

这个社会保障制度国际比较课题的最后一道步骤是邀请国内相关领域里的名家,就一些社会保障的热点议题进行讨论,被我称为"专题篇"。作者来自北京、上海、天津、南京、成都等地的高校和研究机构,各篇独立成章。这一部分讨论的主要问题包括:劳动力市场变化与社会保障制度改革(张车伟、张士斌),典型国家的社会保障制度比较(林卡),社会保障制度的改革(林义、陈志国),社会保障制度的筹资模式(仇雨临、刘潇),养老保障改革的实证分析(杨伟国、杨俊),从全球化的角度研究医疗保障(丁纯、周天宇),社会保障管理体制的国际比较(吕学静、徐寒冰),社会保障制度碎片化的分析(关信平),社会保障中政府、市场与家庭之间的责任关系(岳颂东)以及国外社会保障资金的管理模式(课题组)等。

课题结束后,我发现还有很多重要的问题有待研究,例如对于经济发展、社会风险、社会认知和政治压力等外在条件与社会保障制度之间的互动关系还需要进一步分析;对发达国家社会保障制度对经济发展的正面和负面影响缺乏深入讨论;各种社会保障计划的具体操作,例如税费收缴的利弊、职业年金的发展趋势、社会救济的操作方法和效果评估等还需进一步研究。另外,还需要专门研究"碎片化"社会保障制度的定义、成因及形式，讨论转轨国家的社会保障制度转型及经验教训，并梳理农业社会的保障方式和规律等。总之，要想深入下去，还有许许多多的工作要做。

这项庞大的战略性研究课题的最终成果是一个四层"蛋糕"，在"蛋糕"的底部分析共性和趋势性问题，然后逐级研究不同类型国家的制度特性。四卷本成果为"现代社会保障制度的国际比较研究丛书"，其中包括：《125国（地区）社会保障资金流程图》、《50国（地区）社会保障机构图解》、《30国（地区）社会保障制度报告》以及《社会保障制度国际比较》，于2009年和2010年陆续出版。我希望这项研究在整体设计上超越美国社保署和国际劳工组织当时的研究框架，事实上，这套研究方法的确受到欧洲同行们的关注。

我真心地感谢来自国内近十所大学和中国社会科学院的50多名博士生导师和他们的学生们的通力合作。这个团队包括了中国社会科学院欧洲研究所的老中青研究集体，有中国社会科学院拉丁美洲研究所刘纪新教授带领的拉丁美洲研究专家集体，有来自中国社会科学院其他机构的专家学者，有中国人民大学劳动人事学院的仇雨临和杨伟国教授以及他们的学生构成的亚洲和大洋洲社会保障研究团队，有首都经贸大学的吕学静老师和她的学生构成的日本研究集体，还有首都师范大学等其他高校的教师和学生组成的集体。课题组还得到了劳动社会保障研究院田小宝院长和刘燕斌所长组成的专家学者团队的支持，后来加盟的还有来自国务院发展中心的岳颂东研究员，中国社会科学院的王延中研究员，西南财经大学的林义教授、南京大学的林卡教授和复旦大学的丁纯教授等专家学者，上海社会科学院的周建明教授和北京师范大学的李实教授也参加了点评。由于有大量的青年学子参与到研究工作中来，课题组采取了边研究、边培训、边点评、边推进的方式，首先围绕着基本设计征集资金流程图的设计方案，然后经过筛选、构图试验、集体讲评，提出最终修改意见，根据已经掌握和最新获取的资料数据，进行修改后再进行审核和点评，通常都经过了三次到四次的修改才送专家审评，最后由编辑组进行编辑整理核定，至少在工序上保证了严谨求实。

"现代社会保障制度的国际比较"课题的专家团队

2008年，当这项研究的第一阶段将近完成时，我被人力资源和社会保障部选中参加中央政治局的集体学习，主讲国外社会保障制度。我在学生郭

参加中央政治局集体学习，主讲国外社会保障制度

静的协助下，经过数月的努力准备，于2009年5月完成了这项任务，我的学术生涯又增添了一段难得的经历。看到长期的积累对于国家决策层产生参考价值，感觉还是十分欣慰的。

四 《走向人人享有保障的社会——当代中国社会保障的制度变迁》

2014年春，我卸任中国社会科学院欧洲研究所所长，成为一名普通的研究人员。此时我开始着手完成一个小小的心愿：将我数十年来对于中国社会保障制度改革历程的观察和理解记录下来，特别是让国外的同行和读者们了解，中国共产党在实现最初的社会理想的过程中都进行过哪些探索，遇到了哪些困难和难题，又是怎样去克服困难、不断创新和改革制度，并使之与经济发展、时代要求和人民期盼相吻合的。这就是我2014年到2015年撰写的《走向人人享有保障的社会——当代中国社会保障的制度变迁》，这些文字不仅记录了我多年来的观察和

思考，也记录了我作为一名国外问题研究者与中国社会改革之间的互通共振。我还在那本小书的引言中写道：

> 生活于21世纪的人们很难想象，卡尔·马克思130年前提出的"各尽所能、按需分配"（From each according to his ability, to each according to his needs）的社会理想，在一个多世纪的历史进程中，曾经怎样地感动并震撼过包括中国在内的世界革命者和进步青年，引导他们义无反顾地投身于改造旧社会、建设新社会的奋斗中。

写这段话的时候，我回忆起美国的曼纽尔教授，他曾多次提到过，他年轻的时候就曾经为这句"各尽所能、按需分配"的口号所感动。其实在西方的高端思想界，并不是只有"博弈论"和"供给学派"。曼纽尔教授本人曾经深入地研究过马克思，研究过乌托邦思想，对于公平正义的追求使他在学术领域里不断探索。我想，他对中国革命的实践感兴趣，可能也是为了回应自己年轻时的困惑和梦想。

我写这本《走向人人享有保障的社会》也不能说是纯粹的学术研究，其中也有我的感动在里面。中国共产党人为之奋斗的理想到底是什么？他们掌握了政权以后还在努力地实践千百万人为之献身的最初理想吗？我想透过跟踪社会变革的进程去做一番考察，所以在引言中我还写道：

一个多世纪过去了，那些为了社会进步的理想而工作和奋斗过的人们，他们取得成功了吗？如果有所成就，这些成就又是怎样实现的？是通过轰轰烈烈的社会革命？还是通过脚踏实地的社会改革？在这些进程中有过怎样的经验或教训？

总之，我是因为感动而写这本书，写书是为了讲述不为世人广泛知晓的中国社会转型的故事，是跟踪着社会进步和社会公平的脚步，看那些"各尽所能、按需分配"的理想与现实生活的关系，是看中国人的理想经过了多少次的制度创新和政策改革，多少次的理想与现实的互动，从保护劳动者的合法权益出发，一步一步地走向人人享有社会保障的社会的历史过程。这段历史过程虽然表面上算不上轰轰烈烈，但是却深刻地改变着我们的生活，改变着中国，甚至不啻一场静悄悄的社会革命，虽然就像人类历史上任何一场革命一样，这场社会革命也有它的缺憾，但历史的车轮还是蜿蜒前行的。正因为此，我找到了一种遏制不住的动力，要将我自己作为一个观察者的理解记录下来。

写这本书的另外一个动力是让外国人读懂中国。我们的话语体系是独特的，就像我们的文化一样，往往很难为其他国家，特别是西方发达国家的人士，哪怕是友好的人士所理解。所以，用一种更加直观的语言，用更加简化的逻辑，让外国人读懂中国的社会变革，也有助于他们理解中国的进步，有助于他们学会和中国打交道。

考虑到这些，我决定写自己能够了解并读懂的中国社会保障制度的建设过程。从中国共产党建党初期开始写，因为那个时候，共产党就将向劳动者提供社会保险作为自己的奋斗纲领。此后，我跟踪了共产党执政的解放区里社会保险实践的障碍和问题，一直跟踪到中华人民共和国成立，中国共产党掌握了政权，并开始实行"劳动保险"制度。我的故事试图告诉读者，中华人民共和国的成立只是共产党人实现最初纲领的一个开端。在中华人民共和国成立初期，人口将近5亿，但是领取稳定工资收入的产业工人只有千万余人，城镇人口只占总人口的12%。从社会保障制度创建和演变的过程看去，中国社会的变迁有时可以说是深刻隽永，有时又可以说是波澜壮阔。沿着时间发展的脉络一直写下去，我被中国的社会进步深深地感动和震撼。我看到了中国社会保障最初的制度选择与国家工业化和现代化进程的关系，我在书中介绍了社会主义国家为实现工业现代化的使命所选择的劳动保险及其他社会制度的形态和特征，解释了这种选择的合理性和不得已，我分析了自"改革开放"以来，中国社会保障从"企业保险"到社会保险的改革进程、改革中遇到的难题，以及社会保障制度在社会主义市场经济条件下向社会化和法制化的艰难转型。

我认为，应当将社会保障制度的建设放在国家发展战略的大背景中去理解，去诠释当时的政策选择：在以农、商、手工业等生产方式为主，人民收入极不稳定的经济条件下，建立理想化的社会保险制度的时机和条件都不成熟。为了配合中国的工业化和城镇化进程，中国社会保障制度的建设和推进形成了早期的二元体系。改革开放以后，出现了自由的就业市场，社会保障的单位屏障被捅了一个大窟窿，劳动力市场的发展和市场的风险成为社会保障制度建设和改革的强大推动力。如同经济领域里的改革一样，社会保障领域里的改革也是鼓励地方实验和实践，各地都在"摸着石头过河"，政府支持试点先行、总结经验、传播信息、推广最佳实践，与欧盟的"开放性协调方式"有异曲同工之妙。记得普罗迪在任欧盟委员会主席期间访问中国，听取了中国改革的经验介绍以后说，"中国和欧盟十分相像，只是程度的不同"。

在阅读中国社会保障改革的相关材料时，我有时心潮澎湃，有时拍案叫绝。我不能不惊叹于中国人在改善自己的制度方面的创造力、想象力和实事求是的精神。例如实行"属地管理"，打破了很多纵向的利益集团设置的内部壁垒，使社会保障出现扁平化、多样化的发展态势。再如"两江模式""板块模式""布吉模式"层出不穷，但并非各行其是，而是在中央的原则性规定下，探索适合在当地落实政策的方式，中央确定的原则目标，即实现"资金来源多渠道、保障方式多层次、社会统筹与个人账户相结合、权利与义务相对应、管理服务社会化"的社会保障制度体系，使得多样化的社会实践有了方向，而多样化的实践也使总体社会目标得以落实。

记得有种说法，就是中国改革事业所取得的进步和成就是因为与世界相连接，而不是相分割。我看到社会保障领域里的很多观念、经验和做法都是舶来品，将这些舶来品和中国的实践相结合，产生出中国的实践、方案和制度模式，最终将这种制度法制化、规范化，使之越来越接近中国共产党在将近100年前为自己设立的"人人享有"的社会目标。从这里可以感受到中国的进步与世界的关联，理解改革开放政策的重要性，看到一个"你中有我、我中有你"的发展过程。

在平铺直叙的写作过程中，还有些理论方面的启示。例如我发现，政治学中的"边界"概念十分适合于解释社会保障的制度转型。地区性的社会保障统筹，既是对传统的行业社会边界的打破，也是对新生的社会边界的催生。在中华人民共和国成立初期，劳动保险制度的设立为产业工人提供了更好的保护，但是却在工业和农业劳动者之间设立了城乡界限；在改革开放的过程中，"属地管理"的养老金社会保险统筹打破了村舍间的界限、行业间的界限，同时形成了新的界限和新的标准；最低生活保障、医疗制度改革在破除地区界限、城乡界限的同时也在规范资格和限制。在新的社会保障边界内，保障的责任并不是单向的，不是单纯由政府承担的。政府通过法律和行政的权威，建立起由个人和用人单位缴费，加上政府财政补贴的集资方式，重新整合了社会财富，让所有的社会成员共同为自己编制一套保障社会安全的体系。在这个体系内，各种保障的边界是重新以专业化的方式和标准界定的：例如养老社会保险的缴费年限、医疗保险的支付方式和范围，每一步的政策调整都透视了社会的变化和进步，反映了中国社会组织结构和社会治理方式的转型。

随着社会组织结构和社会治理方式的转型，国家与个人之间的关系也在变化。国家先是通过就业单位向产业工人提供社会保护，通过农村集体经济向农民提供社会保护。工业化、城镇化、市场化不仅挑战了这种保障方式，也挑战了中国最传统的家庭保障功能。单位经济、集体经济、家庭经济，都难以抵御工业化和市场化带来的社会风险，国家开始承担起越来越多的社会保护责任。最后，随着市场的扩大、产业和劳动者的转移，跨区域的社会保障制度和措施不断出台，新方式不断地替代旧方式，新边界不断取代旧边界，覆盖范围不断扩大，制度标准不断向统一的方向发展，国家成为最大的社会组织。公民个人进入一个庞大的社会保障网。企业不再是工人的社会，生产队不再是农民的社会，家庭对于个人十分重要，但不再是最主要的生活保障来源。在城乡之间、地区之间、行业之间、企业之间虽然还存在不同的保障和福利壁垒，但这些壁垒正在被打破，门槛正在降低。随着社会保护方式的变化，国家、企业和个人的关系也发生了深刻的改变：个人与国家的关系变得更加直接，国民身份也变得更加具体。

一种真正社会化的体制正在形成和完善过程中。所谓人人享有的社会保障制度，其实也就是一种人人负责的制度。在同一个国度中，人们彼此负责、相互保障，政府为这种保障提供制度条件，在市场规则运行的条件下，这种制度提供的是基本的保障，在社会主义制度条件下，这种制度还在一定程度上肩负着通过社会再分配实现社会公平的责任。

写到这里，中国社会保障从无到有的发展历程已经跃然纸上，这是我多年来的一个"业余心愿"。这个业余心愿的完成离不开社会保障业内和业外朋友和同事们的鼓励与支持，其中中国劳动与社会保障研究院原院长田小宝同志的真诚鼓励与大力支持，欧洲研究所张浚同志的无私加盟，是不可或缺的。我认识田小宝多年，也曾合力为普及社会保障的知识而努力，他帮助我找了一些材料，而且逐章逐段阅读初稿，提出了很多宝贵的意见。张浚是一名优秀的欧洲政治学家，但是为了我的"业余爱好"，搁置了手头的"业内工作"，全力支持我达数月之久。写这本书的原始动力还来自我在杭州听劳动和社会保障部原副部长王建伦的一次报告，她对学生清晰地讲解了中国社会保障的建设过程，我感觉十分有说服力，就想全面梳理一下。后来我又请田小宝帮忙，和她谈过一次。在写作过程中，我不时回想起那些为了中国社会保障制度的改革、建设和进步而努力工作的几代社保人，我庆幸自己能够亲身经历、见证并在某种程度上奉献于这一史无前例的社会变革。

回顾我在福利国家和社会保障制度领域里的探索，大体走了一条从理论研究到现实研究，从个例研究到制度比较的发展脉络。在整个过程中，我追求的是理解复杂的现象，是借鉴人类的文明成果，读懂世界与中国，哪怕是仅仅读懂社会保障制度和福利国家这个局部。我还自认为是一个比较用心的观察

《走向人人享有保障的社会》新书发布

者和思想者,能够在观察和思考中获得极大的满足。目前,我更多地参与了为中国社会保障制度改革出谋划策的各种智库研究,主要提供有关国外社会保障制度体系的相关知识和信息。在借鉴国外经验的时候,我仍然坚持不能照搬照抄单个的政策措施方法,而是要更加深入地了解其他国家社会保障制度建设和改革的内在逻辑,把社会保障制度放在一个更宏观的环境中去理解。

五　难以撂下的担子

完成《走向人人享有保障的社会》以后，我以为自己可以息肩了，甚至也为自己设计了旅行、拜师学画、定时习琴甚至从头学习中医等各种退休生活。但是临时性的任务却纷至沓来。先是参加了中国养老金税费改革的委托研究，后又主持了两期中国与欧盟合作研究社会保障制度改革的课题，并多次受邀参加中国和欧盟的社会政策对话，特别是最近一期关于养老金参数改革的研究，让我从中学到了很多新的知识，体会到"活到老、学到老"的必要性。欧洲同行们孜孜不倦地探讨用各种技术手段破解公共养老金财政赤字的难题，让人看到，在"山重水复疑无路"时也慎下简单结论的道理，因为人类的认知力和创造力无穷，求知的路也是迢迢没有尽头的。

国际发展援助与国际关系

一　作为国际关系学科一支的发展援助研究

福利国家研究，特别是福利国家的比较研究，可能导向很多其他的研究方向，例如可能在福利经济学或福利政治学领域里加深造诣，而我却转向了国际发展援助领域，这里也有几个原因。首先是我认为，作为中国社会科学院国际研究学科片的一名工作人员，除了要有一门比较专业的知识（例如欧洲福利国家）以外，还应当对国际关系学科有所贡献。我在布兰代斯大学求学的时候曾经上过罗伯特·基欧汉（Robert

Keohan）和罗伯特·阿尔特（Robert Art）这些知名国际政治学家的课，也去弗莱彻国际关系学院（Fletcher School at Tufts University）旁听过一些课程，但是对于西方国际关系理论没有产生特别的兴趣。我关注的国际关系属于务实一类，也就是国与国之间真实地发生着的那些关系，例如国家间的经济贸易关系、政治外交关系、社会交往和文化交流，还有就是长期少有人研究的援助关系。我们生活的这个时代，国际关系发生了深刻和结构性的变化，全球化在多个层面打破了国家间的边界，使国家间的关系变得空前丰富多彩起来，传统的外交理论远远不能解释各种新现象。援助关系（在国际上多称为"国际发展合作"）自第二次世界大战以来，历经发展变迁，从开始仅仅体现国家意志和利益，发展出一整套相对超越了国家利益和意志的体制机制和话语体系，成为全球治理体系的一个重要部分，不仅深刻地影响了受援和援助双方国家的发展，而且参与塑造了当代的国际关系。在美国求学期间，我也曾在国际发展组织短期工作，大致了解当时在联合国有咨商地位的600余家国际性非营利性组织和非政府组织的情况和能量，了解这些组织的资金支持很多来自国际发展援助渠道，因此一直都希望有机会系统地梳理一下国际发展援助的来龙去脉。当然，国际发展援助与社会保障和社会福利在理论上是相通的，前者是跨国的财政转移，后者是国内的财政转移，决定这两种转移的要素不同，但是在逻辑上有惊人的相似之处，比较起来十分有趣。

对外援助涉及的层面很多，也有很多正式的名称，例如"官方发展援助""国际发展合作"等，都属于对外援助讨论的范畴，个别国家还把军事援助纳入对外援助的计算，但多数国家的对外援助主要关注发展问题。为了更好地体现国家间平等的原则，越来越多的国家将其对外援助称为"国际发展合作"。

对外援助大量地讨论发展问题、贸易问题、社会问题、法律问题，以及日趋严重的全球性问题：如人口的增长和流动、环境的污染和水资源的短缺、传染病的流行、毒品及其他犯罪问题等，这些都是传统的国际关系理论很少覆盖的知识领域，但却早已进入了外交事务议程。这种现象给分散在各个领域里的研究者提出了选择分析工具和相互交流的难题。

要想了解对外援助的性质和形式，还需要更加深入地了解提供援助的主体，例如主权国家。第二次世界大战的爆发是资本主义制度严重失衡引起的，大战的起因就是市场和有组织的社会要求之间发生了不可调和的冲突。第二次世界大战结束以后，西欧传统的资本主义国家不再主张用自由主义原则重新建立被战争摧毁的国家，而是要有效地平衡竞争性的劳动力市场、大众民主的政治制度，并对社会进行保护性干预，让经济、政治、社会机制相对平衡、相互制约。由美国主导的布雷顿森林体系，以国际资本市场为后盾，利用控制银行系统的优势，调动世界资本市场，促进西方世界的经济增长和收支平衡，但是全球失衡现象非但没有解决，反而愈加严重。

第二次世界大战之后，在西方，"马歇尔计划"致力于在重建欧洲国家的同时重建市场；在东方，中央政府在规划企业和社会时发挥着巨大的作用。主权国家和东西方两大阵营由于内在结构的不同而分别代表着不同的国家发展道路、发展方式和国家间关系。美苏的对外援助活动分别服务于各自阵营的建设。在东方，苏联在援助了其他社会主义国家的重建之后，又在1949～1959年的10年间，向中国提供了总额约为56.76亿旧卢布的巨额援款，对于中国的社会主义制度建设和世界社会主义阵营的壮大起到了重要的作用。在西方，美国通过"马歇尔计划"重建战后的西欧，在那里巩固了资本主义的经济和社会秩序。

二战后，亚非拉前殖民地获得了独立，成为两大阵营中间的"灰色地带"，随即由于其战略地位的重要而陆续获得了来自东西双方的援助。在有些发展中国家，甚至还出现过美苏竞相提供援助的情况。接受西方援助的国家往往同时引进资本主义的制度模式，而接受东方援助的国家则学习社会主义的制度模式。由于东西方的战略和制度对峙，朝鲜、韩国曾经一度成为美苏分别予以援助最多的国家。中国先后从东西方两种体制获得援助，其利用外援的经历正好反衬了世界发展的路向。

从"马歇尔计划"开始，对外援助政策就在国际和地区性冲突的善后中发挥着巨大的作用，不仅如此，对外援助还涉及了不为新闻媒体关注的广阔领域，深入到了发展中国家内部经济、社会乃至政治生活的层面。在一些专门从事外援工作的机构中，常常可以听到这样的评论：发展援助并不总是成功的，但是所有成功的发展经验中都有援助的作用。

中国长期受惠于国际发展援助，在 1995 年前后成为世界最大的受援国。改革开放初期，中国利用外援资金，投资中国急需的基础设施和能源建设，后来又投资于市场建设、健康和教育事业以及环境保护等领域。外来的发展援助对于中国的经济改革起到了积极的推动作用。中国同时也是援助国，进入 21 世纪以来，对外援助拨款和力度不断增加，为世界瞩目。作为援助国，中国奉行平等互利、尊重主权、讲求实效等原则。无论是作为发展中的受援大国，还是作为向其他发展中国家提供紧急人道主义援助的国际社会中负责任的成员，中国都需要比较完整而透彻地了解国际外援提供者们的理论、机构、政策和方法，为中国的改革发展事业和外交政策提供有益的参考。

对外援助还牵涉到众多的跨国行为者、复杂的利益关系、烦琐的行为规则和行为方式，以及厚重的历史背景和特殊的国家间关系。在 20 世纪末我开始涉足这个领域的研究时，上级、同事和朋友们都还不太理解，认为我在关注"冷门中的冷门"，即使在国际关系学界，对外援助问题也很少有人问津。有善意的意见建议我放弃国际发展援助，专注于研究南北关系的大问题。但我认为，作为国与国之间深层交往的一条现实纽带，总需要有人去研究，而且因为国际发展援助涉及多学科综合，所以通过这一小小的洞口可能窥见惊天动地的大场景。因此，在那之后的 20 余年间，我在主要业务工作之余，不时地关注一下对外援助领域里的进展，对外援助逐渐成为我的另一项业余爱好。后来能把业余爱好做成一定规模是我始料不及的。随着"联合国千年发展目标"的收官和有关"后2015议程"讨论的升温，国际发展援助问题逐渐从"冷门"变成"显学"。其实这个题目远非20世纪人们所理解的那样，它根本就不是一个技术性的小课题，相反是能够牵涉政治、经济、社会、技术等多个领域的国际关系议题，因为敬畏于这个题目的庞大和复杂，我在开始研究的时候设计了一些明确的步骤，并组织了一个国际化的团队。

二 对外援助研究中的国际友人

我在20世纪90年代后期启动了"对外援助与国际关系"的课题研究，第一个步骤就是系统地了解并介绍国外的相关研究和国外的对外援助基本制度。为了使这个步骤走得实，我设法邀请到了当时国际发展援助领域里最知名的学者和教授，例如挪威的欧拉夫·斯托克（Olav Stokke）和美国的凯若尔·兰开斯特（Carol Lanchaster）。斯托克教授是联合国发展援助系统公认的权威学者，他的研究，特别是他有关"附加条件论"的论述，奠定了国际发展援助领域的基本理论。兰开斯特教授是一位活跃人物，曾经在克林顿政府里担任过美国国际开发署（USAID）的副署长和助理国务卿帮办。小布什当了总统以后，她就回到乔治敦大学当起了教授，仍然研究对外援助问题，特别是美国的对外援助政策。她第一次到中国是陪同希拉里·克林顿参加 1995 年的北京世界妇女大会,来参加我主办的"对外援助国际论坛"是她第二次来华。据她说,两次访问给她留下了截然不同的中国印象。来了我们的论坛几天以后,她就戴上"红军帽"四处照相了。她说她看到了满脸阳光和幸福感的中国普通青年人,就对过去有关"共产主义"的负面认知产生了动摇,想更多地了解中国。此后,她多次来中国,参加各种各样与对外援助有关的国际会议。我还邀请了一位日本教授、一位法国教授,以及意大利和德国的学者,加上我在欧洲研究所的同事们,大家一同撰写了《对外援助与国际关系》。这本 60 多万字的大书恰好在 2003 年蒙特雷发展筹资大会前问世,商务部参加谈判的同志拿到书就直接带上了飞机。

《对外援助与国际关系》出版以后,我还保持着与斯托克和兰开斯特或多或少的联系。兰开斯特一直跟踪美国的对外援助政策,而且喜欢用十分直白和淋漓尽致的方式披露美国外援政策的本质。她认为,美国对外援助就是直接服务于美国的国家

我和外援专家们在长城
后排右一是斯托克,左二是兰开斯特,我在他们二人中间

利益和国家战略，甚至毫不掩饰地服务于美国的军事战略。兰开斯特任乔治敦大学外交系主任之后，曾经邀我参加乔治敦大学的世界领袖班，在那里我更加深入地了解了美国的政治体制和决策程序，也认识了一些人物，例如西班牙现在的国王，当时还是王子，他每年都要去乔治敦大学的领袖班。我那一届恰好碰上南海"撞机事件"，我在会上会下到处找机会与人讨论、据理力争，批驳美国电视台播放的铺天盖地的谎言，菲利普王子就对我说，"你很好地代表了你的国家"。那年回到西班牙，他亲手写了圣诞节贺卡寄给我。

在政治上，兰开斯特曾经是位活跃人物，她说过，鲜明的党派特征能使人获得快速的提拔，但是如果所属党派竞选失败，就得跟着总统一起下台，她自己就是这样，是一名高调的民主党人。她还参与了希拉里·克林顿的第一次竞选活动，对希拉里有十分入微的观察和分析，但自称不是希拉里的内圈人物。她说，支持希拉里的人"疯狂地"支持她，反对希拉里的人同样"疯狂地"反对她，对于美国来说，这不是一个好的社会现象。我过去在学校里学了一些有关美国的理论，认识兰开斯特以后，对于美国的现实政治有了更多的了解。比较起我早年留学的波士顿来，华盛顿特区的氛围可以说得上是迥异，到处弥漫着赤裸裸的权力政治的气息，而波士顿的氛围则更加学术化。

我一直都很敬重斯托克。从北京回到挪威以后，他写来真挚的感谢信，说北京会议的经历令他愉快而且难忘。有一次，我受挪威外交部邀请到挪威交流，在我的要求下，挪威外交部安排了与斯托克的私人会谈。在斯托克家里，我们畅谈了联合国在国际援助中的地位和作用，以及他承担的大课题。我们在挪威见面后，他和老伴儿就去墨西哥当"候鸟"了。

说起挪威，我父亲和挪威现任国王是故交。国王还是王子的时候曾经访华，我父亲全程陪同。据说他们畅谈文化、历史、诗歌、绘画，谈得非常投缘。王子当了国王以后，每年都会寄来贺卡和全家的照片。为了回复，父亲也要我每年准备照片。国王访华，也会要求会见已经退休的父亲，算是"民间外交"吧。最后一次和国王夫妇会见是2008年挪威国王夫妇来北京参加奥运会开幕式，邀请我们共进午餐。那天的天气很热，我找不到合适的衣服，只好穿了母亲的衣服、鞋子，把脚挤得生疼。父亲却说，其实欧洲王室也并不都那么讲究，他曾经看见英国女王穿的套装是很旧的，虽然颜色搭配很好。在外事场合，讲究的应是气质和内涵，不仅仅是衣装。其实很多外事场合我都穿母亲的衣服，没有觉得有什么不好意思，这样至少可以省去我不少"置装"的时间。

挪威是欧洲乃至世界最富裕的国家之一，在对外援助领域的投入很慷慨，但是挪威人并不浪费。我去挪威访问，外交部的人负责到机场接送，带着我坐地铁进出奥斯陆，不铺张也不炫耀，却花了很多钱将我的《外援在中国》翻译成英文。为了更好地了解挪威人的思想方式，有一本畅销全球的挪威哲理小说《苏菲的世界》（Jostien Gaarder, *Sophie's World*），我看了好几遍。"刘晓波事件"发生的时候，我正准备带一个团去挪威就社会福利事业进行一次深入的调研，访问当然是取消了。尽管中国多年来很注意向挪威学习各种经验，但是挪威却有很多人并不了解中国，也不关心中国的进步。"刘晓波事件"后，我和斯托克没有继续交流，挪威国王和我父亲之间的家庭照片往来也停止了。直到中挪关系解冻，挪威国王夫妇2019年再度来访，两个家庭之间的友好往来才得以延续。

三 《外援在中国》

我在对外援助领域里的第二步研究主要聚焦在外援在中国的实施和作用上，也就是研究中国如何通过外援这个资源和渠道来实现自己的战略发展目标。研究的视角主要是宏观、历史和战略性的。研究涵盖了中华人民共和国成立初期的苏联对华援助和改革开放以后来自西方的多边、双边和非政府渠道的援助。我对于中国历届领导人在外援问题上的讲话和决策也十分感兴趣，希望能够利用这个机会准确地理解中国高层对于外援的态度和政策。所以，在梳理外援在中国的实践过程中，我既关注外援的不同国别特点，也关注中国自己的政策和管理方式，寻找这些援助与中国发展改革之间的相关性，得出了一些令自己始料不及的结论。

关于对外援助，二战后西方世界有过不少讨论，其中有两种视角占据了主导地位，并对国际援助的实践活动产生了重要的影响，一是国际政治学的视角，主要是分析援助作为对外政策工具的特性；二是经济学的视角，主要是发展经济学的理论，回答诸如"如何通过外援推动发展"等议题。这两种视角各自反映了外援领域里的局部现实，其中国际政治学又分为两派，一派可以归为现实主义流派，将对外援助作为国家战略的一部分，主要研究对外援助为何并如何体现和服务于国家利益，研究对外援助实践中的国际战略和双边外交内容，使用诸如"所有权"、"自主权"、"依附关系"、"条件论"和"伙伴关系"等概念；另一派偏重于关注外援领域里国际机制的发展，并将对外援助作为全球治理的重要渠道和手段进行研究，讨论"援助有效性"等议题。发展经济学则研究如何通过对外援助，向发展中受援国转移资金、技术和发展经验，以"替代"发达国家经过多年积累而获得的发展要素。我阅读了一些欧美国家对外援助的历史书籍和争论文章，认为发展经济学提供的思路简单有效，但是对外援助最终还是服务于政治和国际关系。不仅发达国家的国际援助极力维护援助国与受援国之间的特殊关系，而且多边国际援助机构也是国际体系的组成部分，而国际体系所体现的正是国家间根据力量大小而构建的治理模式。基于这种认识，我将主要的注意力集中在对外援助的历史和政治上。

　　记得有一次我在法国，经熟人联系采访到法国总理的外援政策顾问。那是一位女士，曾经当过政治学教授。她用口音很重的英文快速地讲述了很多法国对外援助的政策和掌故，主要是讲如何维护法国在发展中国家中的特殊地位。我认为她是讲了实话的。对外援助的资金来源于援助国的政府财政支出，对外援助的执行部门是政府机构，或通过政府招标的非政府部门，或接受各国政府捐款的多边援助机构。所以，外援从本质上来说是一种国家行为，而且是跨国的国家行为，是援助国的国家利益、形态和方式在边界之外的延伸。不同性质的国家选择不同的对外援助目标，使得对外援助承载了多种目标。因为对外援助是跨国的财政转移，与福利财政转移不同，外援很少受到受援国内部政治因素的约束，所以很容易出现"供给导向"特征，暴露出国家关系的不平等。所以，周恩来总理曾经不厌其烦地提醒中国的援外人员，要体现"国家平等"的原则，避免"大国沙文主义"倾向。习主席提出的"一带一路"倡议也特别强调了"共商共建共享"，就是中国外交精神在新时代的延续。

国际援助不仅仅是发达国家领导人常常赠送给受援国的"礼品"，而且这些"礼品"除了联络感情、维系良好的国家间关系以外，还可以直接或间接地实现援助国在受援国的利益，促进国家间深层次的交往。这是因为外援活动涉及的范围极其广泛，往往包括了国计民生的所有方面，远远超出了政治外交和贸易的活动范畴，没有任何其他一种外交政策渠道能够与之相比。经过外援渠道，援助国的影响力渗透到受援国最边远的角落和社会的最深处，使一国之内的微小变化可以产生超越国界的效应。

我在撰写苏联对华援助的时候就发现，这些援助远远不是

"156个项目"那么简单，而是曾经协助中国制订了第一个"五年计划"，教会了中国如何发展重工业。通过这些援助项目，中国效仿苏联，实施了计划经济，并学会了在计划经济体制下管理大工业生产的具体操作方法。与苏联对华援助相对应，西方对华援助则先是提供适应市场的人力资源开发培训，传授市场基础设施建设的经验，而后转移用于经济基础设施建设的资金和技术。随着市场经济的发展，西方援助又投资于社会发展领域，从事扶贫减贫、投资基础教育、支持环境保护，用以弥补市场的缺失，提供企业能够平稳发展的市场环境；最后通过"能力建设"项目，关注受援国的政策转变和制度建设，在政策观念转变、市场机制建设、法律法规制定和社会分配体制改革等许多被称为"政府治理"和"法制建设"的上层建筑领域里发挥着影响。

我当时希望通过外援研究解答几个困扰我的问题，一是对外援助与发展的关系，二是对外援助如何体现国家利益和意志，三是对外援助在各个不同国家的不同作用，四是外援对国际体系的影响等。因为很显然，在不同的国家，对外援助有可能成为维持某种国际关系和秩序的工具（例如在非洲很多国家），也可能成为一些发展中国家发展提速的契机（例如在中国）。

从中国的经验来看，关键的环节在于"自主性"和"所有权"，也就是受援国能否自主地选择发展道路，自主地制定发展规划，自主地争取外来资源，同时把外来的资源（这里既包括物质的资源，也包括知识或经验的资源）有机地化为本国的资源,服务于本国的发展战略,用我们的话说就是"中国化"和"本地化"的问题。这是不容易做到的,主要的原因还是援助国和受援国之间的关系并不平等,援助国将十分有限的国内资源用于极端贫困的国家,在那里转化为各种经济和政治力量。受援国出于不同的目的去争取那些对它们来说是数额可观的资源,甚至不惜为之付出一定的政治代价。由于力量对比的悬殊,掌握了资源的援助国就获得了一种超越传统主权国家的政治力量或筹码,用以实现对于弱国的政策干预,甚至政治干预和渗透。而且,这些干预或渗透往往是在受援国自愿的基础上发生的,因为它们急需资金、技术和设备等"硬件",而同时缺乏抵制不良影响的"软件",这造成了对外援助的渗透力。这个规律在中国恰恰不适用。一是由于中国有雄厚的资源,例如西方对华的扶贫援助只占到中国政府对扶贫投入的不到百分之一;二是因为中国有一套治理体系,例如有"五年计划",可以有意识有目标地将援助资源纳入中国的整体规划;三是中国有自己的全球观,逐渐地利用对外援助与国际市场和世界其他资源相衔接。通过对外援助,中国投资了基础设施,同时也吸纳了"软资源",例如"可持续发展""参与式管理""小额信贷"等新的概念和新的方式,通过对外援助的渠道进入中国,促进了中国的发展。对外援助还带动了外来资本对中国的投入,在改革开放初期,对外援助占到了外来资本的85%,外资通过外援的渠道了解了中国的改革,之后外来投资的规模迅速增长,超过了对外援助投资,成为中国发展的重要外部条件。

所以，在当今世界上，提供外援的目的和方式，执行援助项目的结果，以及外援对发展的影响，不仅取决于援助方和受援方的分别努力，更取决于援助方和受援方之间的关系结构。这种关系结构也并不是一成不变，而是在相互影响的过程中转化的。在现代外援活动半个多世纪的实践中，无论是援助方还是受援方，都发生了重大的变化。在中国，这些变化表现得十分明显。

在研究中，我还梳理了中国共产党历代领导人对于外援所采取的积极审慎的立场和态度。例如毛泽东主席早就指出过，"不要国际援助也可以胜利"是一种错误的想法。[1] 在毛主席看来，世界上的许多力量都是可以利用的，需要根据整个世界的力量对比和力量变化来确定中国的战略和策略，调动一切可以调动的力量。第二次世界大战结束伊始，面对世界形成两极格局而中国积贫积弱的历史条件，毛主席和中共领导人争取到了苏联的经济援助，在非常短的时间内，使中国恢复了发展，并且开始了社会主义工业化建设。中国实行改革开放政策以后，邓小平提出，应当主动吸收外国资金、外国技术，甚至外国的管理经验，作为中国社会主义社会生产力的补充。[2] 中国政府

---

[1] 毛泽东：《论人民民主专政（1949年6月30日）》，载《毛泽东选集》（第4卷），人民出版社，1991，第1473页。

[2] 邓小平：《在武昌、深圳、珠海、上海等地的谈话要点》（1992年1月18日至2月21日），载《邓小平文选》（第三卷），人民出版社，1993，第370~383页。

据此而开始了接受西方援助的历史。

中国接受的多边援助来自不同类别的多边援助机构，例如世界银行集团、联合国发展援助系统、地区性发展银行（主要是亚洲开发银行）及全球性基金体系等。由于中国在多边援助机制中既是出资国，同时又是受益国，所以从一开始就在援助资金的投向方面享有一定的主动权。中国接受的双边援助来自日本、德国、欧盟、英国、瑞典等许多援助国和援助组织，它们在援助动机、宗旨、策略、方式和目标地区以及目标人群等方面存在较大的差异，但是由于它们都是经合组织发展援助委员会的成员，其中有许多是欧洲联盟的成员，因此在它们之间存在密切的交流和协调，使它们在方向、目的和方法上存在雷同、趋同和合作。由于中国幅员辽阔，人口众多，可以容纳各类援助方，同时中国在开始接受西方援助的时候就确立了"以我为主，为我所用"的原则，因此比其他受援国能够更加有意识地引导外援向有利于自己的方向发展，并通过渐进式的改革，形成有中国特色的发展模式。

考察新中国接受外援的历史，可以从一个侧面观察到中国自身的发展，并从务实的角度理解新中国的对外政策。例如中华人民共和国成立初期，中国选择了"一边倒"的外交政策，以中苏友好为对外关系的基础。与此相适应，毛泽东主席和其他中国领导人曾积极主动地争取苏联的经济援助。苏联援助以低息贷款、援建重点项目、提供技术资料、派遣苏联专家、培养中国专家和协助编制"五年计划"等多种方式支持中国建设,帮助中国提升了工业的整体水平。这种援助维护了中苏同盟关系,同时也为中国的社会主义工业化建设和基本制度的雏形注入了"苏式基因",这种基因成为中国社会主义计划经济体制的一个源头。因此,后来中苏交恶,苏联悍然停止对华援助并撤离苏联专家,当时虽然有些工业援助项目终止了,但是苏联对华援助的影响并没有因此而戛然而止。因为苏联援助不仅由硬件设备构成,还有技术、观念、管理方法、行为方式,以及一整套计划管理体制。这些因素,在苏联停止援华后继续影响着中国的发展道路和发展模式,直到中国开始接受来自西方的援助,才从方法和体制上进行了又一次方向性的改革。

中国的改革开放政策是一次对于发展道路和发展模式的重大选择,是一场广泛而深刻的革命。改革的内容是一切不适应生产力发展的管理方式、活动方式和思想方式,改革的方向是"社会主义的市场经济"。在大方向确定了之后,方式就成为关键因素。建设社会主义市场经济是一项史无前例的事业,学习各国的经验是必不可少的步骤。邓小平也像毛泽东等中国共产党的第一代领导人一样,积极地寻求外来资源,并通过资源的获取,学习各国的先进观念、方法和机制。他早在1974年就在联合国大会上宣布,"自力更生绝不是'闭关自守',拒绝外援。我们一向认为,各国在尊重国家主权、平等互利、互通有无的条件下,开展经济技术交流,取长补短,对于发展民族经济,是有利的和必要的"。①

1979年，中国正式与联合国开发计划署签订"合作基本协定"，接着又和世界粮食计划署签订协议，开始了迄今连续40年的接受西方援助的历史。在这个过程中，不仅多边援助机构活跃在中国的各个领域，而且双边援助国纷至沓来，非政府援助组织也不甘示弱。根据中国方面的统计，1979～2006年，中国共接受多双边无偿援助63亿美元，实施了1000多个项目，② 其中多边无偿援助额为11亿美元，③ 双边无偿援助额为45亿美元。对华提供无偿援助额最高的分别是日本、德国和欧盟。④ 根据经合组织发展援助委员会的统计，1979~2010年，中国接受的官方发展援助总额为518.66亿美元，是在同一时段接受和吸收官方发展援助最多的国家之一。1993~2000年，中国是世界上最大的受援国，超过埃及和印度等传统受援大国。1995年，中国

---

① 邓小平联大发言见《新华月报》1974年第4号，第10～11页。转引自石林主编《当代中国的对外经济合作》，中国社会科学出版社，1989，第497～498页。
② 这组数据由商务部于2004年12月7日在京召开的第五届捐助国协调会议上正式发布。资料来源：人民网，2004年12月7日。
③ 这里的多边援助机构仅包括联合国三大筹资机构：联合国开发计划署、联合国儿童基金会和联合国人口基金组织（有7亿来自其他类型的多边机构）。双边援助是指包括澳大利亚、德国、荷兰、加拿大、挪威、欧盟、日本、瑞典、意大利、英国和比利时在内的援助。联合国工业发展组织、国际粮农组织、世界粮食计划署等国际组织也对我国提供了相当数量的援助，但未包含在上述统计中。
④ 商务部最新统计资料，德国为1983～2004年的援助总额，欧盟为1985～2005年的援助总额（2005年为部分援助额），日本为1981～2005年的援助总额，UNDP为1979～2004年的援助总额。

接受各方面的援助达到峰值，成为世界最主要的国际援助试验场。此后，对华援助一路走低，与中国发展成为反向趋势：中国越发展，西方对华援助越少。

在中国这个试验场上亮相的外援项目经过了一个由硬变软、由东渐西、由国内及全球的发展过程。在发展的每个阶段，都可以看到援助方和受援方的相互作用。中国作为一个特殊的受援国，其最主要的特征就在于：这个外援试验场不是由援助方左右的。

所谓"由硬变软"是指在中国改革开放之初，外援主要集中在农业和工业生产领域，主要用于农业技术开发和工业基础设施建设。市场的扩大和生产的发展带来了一系列社会和环境问题，外援的投向随之逐渐转向投资可持续发展、环境保护、妇女发展和基础教育等领域。再后，援助项目开始介入意识形态和上层建筑，出现了大量的政策咨询项目。接着，中外双方又开始了立法和司法领域里的合作，人权领域里的对话和民主建设领域里的交流。再往后，援助项目集中在两头，一头达到高层政策制定和制度建设领域，如司法合作、政策改革等；另一头维持在基层工作领域，如综合扶贫、环境保护等；还有就是开展在艾滋病防治、大气污染治理和防止跨国犯罪等领域里的跨国合作。

所谓"由东渐西"是指援助重点地区由东部省份向中西部地区转移。中国的"九五计划"提出"……中西部地区，要积极适应发展市场经济的要求,加快改革开放步伐……"① 援助方迅速调整援华政策重点,将更多的项目投向中国中西部地区。一些援助方明确划定了云南、甘肃、四川、辽宁和西藏自治区为重点援助省份。

所谓"由国内及全球"是指对华援助越来越关注全球性问题,鼓励艾滋病、大气污染、跨国犯罪等领域里的国际合作,支持中国目标人群和境外同行的交流与合作。例如,欧盟的对华援助项目要求中国人和欧洲人同时受益,世界银行的项目要求有多家合作伙伴,等等。与这种合作同时出现的还有援助方之间相互融资,共同支持一个跨国发展项目的现象。中国选择了走社会主义市场经济体制的道路之后,经济快速发展,外汇储备不断增加,对华直接投资迅速增长,针对市场体制建设和生产发展的对华发展贷款随之下降,用于市场配套设施、弥补市场失灵、改革上层建筑的无偿援助则逐年递增。可以说,中国首先选择了走改革开放建设社会主义的道路,这个方向性的选择决定了中国对于外资和外援的引进,而外援在中国的活动和外援的方式为中国提供了解决具体问题的一些具体方案和方法,促进了中国社会主义市场经济的发展。

在研究的过程中,我还注重理解外援在中国实践的国际意义。当时我是从三个方面来考察的:一是从中国的实践中是否

---

① 《中华人民共和国国民经济和社会发展"九五"计划和 2010 年远景目标纲要》(1996 年 3 月 17 日第八届全国人民代表大会第四次会议批准)。

可以看到世界发展的脉络？二是中国是否借助外援走出了自己独特的发展道路？三是中国的发展道路是否证明并丰富了世界文明的多样性原则？经过考察，我认为，外援在中国的实践的确透视出时代的发展变迁。例如在冷战时期，中国一度吸收和使用苏联援助，采纳苏联方式，奠定了国家的工业经济基础，同时限制了市场经济在东亚的快速扩张。改革开放以后，西方援助不仅为中国带来了西方发展的经验，也带来了西方的资源和利用资源的方式。借助这些力量，中国进入了快速发展的经济全球化轨道。当然，这个过程尚未结束。对于西方的世界经济秩序来说，中国受益于经济全球化，但是尚未彻底融入全球化。世界银行《2006~2010国别援助政策》坦言，援助方要通过"促进中国经济与世界经济的融合"，进一步"深化中国对多边经济机构的参与，降低对内和对外贸易和投资壁垒"，最终成为没有边界的世界市场的一部分。[1] 所以，在中国发展中显示了世界发展的走向。

从中国的角度来看，中国抓住了外援带来的接触巨大资源和广阔市场的机遇。来自世界市场的源源不断的资金、技术、设备、订单带动着中国经济以令人难以置信的速度发展起来。市场力量摇撼着中国国内的体制：从思维观念到社会服务，都开始建立起"市场化"的标准。不仅工业和农业生产采用市场

---

[1] 世界银行业务评价局：《中国：国别援助评价报告》，中国财政经济出版社，2005，第7~8页。

化管理，在扶贫和环保工作中也引入了市场竞争、市场信息和市场服务，甚至文艺、体育乃至教育和卫生等行业都引入了市场机制。市场冲破了区域、部门、行业的壁垒，重新塑造着中国的社会生活。虽然这种重新塑造的利与弊还有待进一步的考察，但是，重新塑造已经开始，这是一个不争且难以逆转的事实。中国不仅从进入中国的世界市场获取了资金和技术，更向世界市场提供了大量物美价廉的商品。外援帮助了中国的发展，同时加强了世界市场的力量。

中国与援助方进行援助项目谈判，既是利益相互砥砺的过程，也是思想相互沟通、观念相互影响和人员相互学习的过程。在接受外援初期，中国方面对于改革发展的需求认定并不总是和援助方相一致，谈判桌上的唇枪舌剑和签约仪式上的觥筹交错是过去只有在争城夺地的外交谈判中才可能看到的场面，现在也出现在关于接受和提供外援的谈判中。中国的相关部门开始在许多领域里直接面对来自援助方的谈判代表，通过他们对自己国家和对援助方利益的理解，在各个具体的发展领域里，引导援助方提供中国改革和发展需要的物质和精神财富，同时消除援助方带来的消极影响。

1979 年以后的外援项目并不都是加强政府权力的，但即使是在政府改革领域里的外援项目，也往往是由中国政府提出来的，是为了转变政府的职能，改善政府的能力而设立的。例如援助方引进了通过"参与式"方法进行扶贫工作的经验，带来了以社区为主导的自主发展，政府从社区扶贫工作的决策者和经营者变成了服务提供者。中国引进的以改革观念和改革体制为目的的外援项目恰恰是一些中国用来进行"社会主义制度的自我完善"[①]的工具。改革和引进的目的不是要进行全盘的自我否定,而是在"强有力的""社会主义的国家机器"[②]的保障下,进行制度的自我完善。改革和引进始终坚持"以我为主",引进的先进技术、先进方式和先进机制首先用于促进"生产力的发展",进而促进"经济生活、社会生活、工作方式和精神状态的一系列深刻变化"。[③]

总而言之,相对于中国的规模和幅员来说,各类援助方所能够提供的援助是十分有限的,外援的总金额也是微不足道的。因此,没有任何一个援助方能够利用外援施加的压力来左右中国的发展道路和政策。同时,由于利用外援的动力来源于中国自身的改革和建设要求,因此中国能够比较有效地引导外援活动,利用援助方在知识、经验和其他方面的优势,将内在动力与外来资源有机地结合在一起,走出了一条渐进式的发展道路。

中国的发展为世界提供了主动利用外援的成功范例,中国经过外援的渠道影响世界的方式首先是知识上的,外援在中国建立起的是一种双向的"学习过程"。中国接受援助的过程一方

---

① 邓小平:《在中国共产党全国代表会议上的讲话》(1985年9月23日),载《邓小平文选》(第三卷),人民出版社,1993,第142页。
② 邓小平:《改革是中国发展生产力的必由之路》(1985年8月28日),载《邓小平文选》(第三卷),人民出版社,1993,第139页。
③ 邓小平:《在中国共产党全国代表会议上的讲话》(1985年9月23日),载《邓小平文选》(第三卷),人民出版社,1993,第142页。

面是中国了解国际规则、融入国际体制的过程；另一方面，也是国际社会了解中国发展规律和发展进程的过程。中国这个世界上最大的发展中国家，由于成功地实现了发展目标，为"发展"这个概念的规律性增添了不少新的内容，为其他第三世界国家的发展，以及国际上关于"发展"的认知做出了贡献。因此，中国的发展经验丰富了世界发展多样性的内涵。世界银行多次总结中国发展的独特经验，并且在国际上加以传播，有些经验被用于其他国家，成为人类文明的财富。

从外援在中国的实践中既可以看到中国发展模式的独特性，也可以看到中国发展与世界其他文明发展之间的共通性。从共性的角度看，发展生产力是一个关键。就像邓小平多次指出的，任何社会制度，如果不能有效地解放和发展生产力，就会丧失自身的优越性和合理性。中国接受的外来援助作用于发展生产力：苏联援助通过对基础工业的投资和对大生产的组织提高了中国的生产力水平，西方援助则通过资金的投入，带动市场的建设，促进了中国的改革事业，使中国巨大的生产能力释放了出来。因此，中国发展模式为人类提供了一个优先发展生产力的共识。

中国消化吸收西方发展经验，结合自己的国情，走出的发展道路对于援助方的援助政策和措施产生了反作用力。当援助方对上层建筑领域里的投资趋之若鹜时，中国政府提出，发展基础设施、解决经济发展中的瓶颈问题，仍是促进经济增长的关键，也是推动减贫的重要手段。在中国、印度等发展中国家的推动下，世界银行等援助方从 2004 年开始重新肯定加强基础设施建设对于扶贫的作用，并强化了对这些领域的支持力度。再如，当国际援助体制在美国的引导下讨论"失败国家"导致发展援助失败的问题时，中国则在 2005 年世界银行/国际货币基金组织年会的讲坛上提出，受援国的政府能力建设和自主发展能力培育是保证国家长久稳定发展的关键，应当得到特别支持。中国的意见得到许多参会代表的支持，重视"国家能力建设"（building state capacity）也因此而被写进了会议公报，并影响了世界外援的走向。

外援通过多重渠道将中国和国际社会相连接，在世界上形成了各种新的力量组合。作为受援国，中国与援助方就发展问题进行了前所未有的深层合作。中国的发展经验使得中国和援助方之间的关系组合发生了关键性的变化，从接受发展援助变为进行发展合作。作为发展中大国，中国不但为广大发展中国家提供了可资借鉴的经验，而且这些经验由于加进了发展中受援国自身的因素而对其他发展中国家更具参考价值，并可能使中国在发展问题上与其他发展中国家形成更紧密的合作关系。总而言之，外援改变了中国，外援也会改变世界。

为了使《外援在中国》这项研究更加贴近实际，更加真实，我们三位女作者在收集了大量相关材料之后，迈开双脚、跋山涉水，去调研外国的对华援助项目，足迹遍及云南边境地区和青海甘肃交界的高寒地区。我曾经提出，"外国援助者走

到哪里，我们的研究就要跟到哪里"。后来，受到各方面因素的制约，这一初衷未能完全实现，但实地考察对于我们这些一

在云南一个英国援建的艾滋病防治中心调研

向只在书斋里靠抄抄写写发文章的研究者来说，确实起到了开拓研究、正本清源的作用。书中有很多结论坐在办公室和书房里是做不出来的。这项研究最后形成了一本名为《外援在中国》的书稿，于 2007 年出版，之后又再版，并且译成英文，由德国的 Springer 出版社出版。一些国外的中国问题专家肯定了这本书的价值。自然，我从来就没有时间去收集这些评论。研究一结束，就开始了第三阶段的研究：中国的对外援助。

四 中国对外援助

研究中国的对外援助远比想象的困难。国内资料很难找到，国外数据又不可靠。我决定从抢救式的访谈开始着手。在商务部援外司和国际合作局的支持和配合下，我们带着录音笔，开始了对十数名"老援外"的访谈。这些难得的、宝贵的、动人的讲述确实是扣人心弦，有时甚至是催人泪下。那些

快被人遗忘的真实的援外故事帮助我们这些研究者真正地了解了我们自己的国家、我们国家的对外政策，以及我国和第三世界国家的关系。当时国际政治学界有"放弃不干涉内政原则""八项原则过时"等议论，我认为是属于"没有调查就没有发言权"的空谈。我提到的那些抢救式访谈形成了内部的《访谈录》，提交给了商务部。在国内访谈的基础上，我们在与商务部主管部门合作的基础上，开始了国外调研，足迹远及东非、北非、南非和西非，后来又在商务部相关单位的安排下去了东南亚的柬埔寨和南亚的孟加拉国调研。也许是有了这样的贴近实际调查研究的机会，我们这个团队对于中国援助的基本判断与当时学界的很多意见有所区别，与西方的一些流行意见更是大相径庭。

我把新中国 60 多年的对外援助历史大致分为三个阶段，第一个阶段始于新中国成立初期，第二个阶段始于改革开放初期，第三个阶段始于 21 世纪初期。我以为，在中国援外的第一个阶段，国际主义是主导思想，各项政策措施都围绕着国际主义而制定；在第二个阶段，调整和改革成为时代主题，围绕着这个主题，中国援外的政策和机制都发生了相应的变化；随着中国国力的不断增强，中国在 21 世纪借助对外援助发展了与受援国在更加深层和更加广阔的领域里的关系。我认为，中国对外援助正在快速驶入第四阶段，中国对外援助的外延和内涵都更加显示出全球意义和国际引领作用。

在中国对外援助的第一阶段，中国在建设自己国家的同时，为发展中国家争取民族解放和自由平等的事业提供了援助。就像毛泽东主席后来总结说的："已经获得革命胜利的人民，应该援助正在争取解放的人民的斗争，这是我们的国际主义的义务。"[①] 周恩来总理也说过："我国对外援助的出发点是，根据无产阶级国际主义精神，支援社会主义兄弟国家进行建设，增强整个社会主义阵营的力量；支援未独立的国家取得独立；支援新独立的国家自力更生，发展民族经济，巩固自己的独立，增强各国人民团结反帝的力量。"[②] 毛泽东和周恩来是从中国对外关系的总体格局和基本原则角度来论述中国对外援助政策的，其中既包含了对中国援外政策的国际主义性质的认定，也兼顾了中国的国家利益，并且说明了中国对外援助的基本目的是通过开展与广大发展中国家的平等互助，最终达到共同发展的目的。

中国对外援助能够享誉第三世界，还得益于周恩来总理1964年亲自制定的"八项原则"。因为这"八项原则"里充满了中国的"软实力"，其中有些已经不再提及，有些则被遗忘了，但是我每每重读"八项原则"，都似乎能领悟到中国在第三世界国家受到信任和欢迎的原因，因此我会忍不住要全文引述：[③]

---

① 《毛主席接见非洲朋友发表支持美国黑人斗争的声明》，《人民日报》1963年8月9日。
② 周恩来：《在第三届全国人民代表大会第一次会议上周恩来总理作政府工作报告》，《人民日报》1964年12月31日。
③ 《中华人民共和国国务院总理周恩来十五日在阿克拉答加纳通讯社记者问》，《中华人民共和国国务院公报》1964年第2期。

一、中国政府一贯根据平等互利的原则提供对外援助，从来不把这种援助看做单方面的赐予，而认为援助是相互的；

二、中国政府在对外提供援助的时候，严格尊重受援国的主权，绝不附带任何条件，绝不要求任何特权；

三、中国政府以无息或者低息贷款的方式提供经济援助，在需要的时候延长还款期限，以尽量减少受援国的负担；

四、中国政府对外提供援助的目的，不是造成受援国对中国的依赖，而是帮助受援国逐步走上自力更生、经济上独立发展的道路；

五、中国政府帮助受援国建设的项目，力求投资少、收效快，使受援国政府能够增加收入，积累资金；

六、中国政府提供自己所能生产的、质量最好的设备和物资，并且根据国际市场的价格议价。如果中国政府所提供的设备和物资不合乎商定的规格和质量，中国政府保证退换；

七、中国政府对外提供任何一种技术援助的时候，保证做到使受援国的人员充分掌握这种技术；

八、中国政府派到受援国帮助进行建设的专家，同受援国自己的专家享受同样的物质待遇，不容许有任何特殊要求和享受。

周恩来总理推行落实"八项原则"的工作极其细致入微。他总是从受援国的角度考虑问题,关心中国援建的项目是否切合当地实际,是否会成为受援国的负担,是否真的对受援国有利,是否能够适合受援国的市场需要,中国的设备是否适合受援国当地的气候条件,等等。周恩来总理常说,要把帮助朋友的事情当作自己的事情来做,要让受援国逐步做到自力更生,扩大自己的国内市场,而不是依靠外援。对于违反"八项原则"的行为,周恩来总理会亲自过问,严肃处罚。在一些场合,周恩来总理严厉地批评个别中国援外人员以"恩人"和"专家"自居,不平等待人,不遵守所在国政府法令,不尊重当地人民的风俗习惯,无组织无纪律,擅自表态,不胜任工作等现象。周恩来总理洞察到有些援外人员好大喜功和不求实效的毛病,曾经再三再四地告诫说,"友好重在精神,不在物质,尤其不在排场"。① 在对外交往的过程中,态度有时是至关重要的,态度可以传递比物质更多的善意和友谊。真诚的态度和实事求是的精神关系到援外的成败。周恩来总理明确要求,如果受援国提出了不合理的要求或虽属合理但中国办不到的,也要摆事实、讲道理,耐心说服解释,而不能操之过急,不能模棱两可。态度要诚恳,观点要明确。周恩来总理的这个要求既是实事求是,也是从受援国和中国共同的长远利益出发做出的,因为,如果为了营造友谊而不讲究经济援助的合理性,就会给援助项目带

---

① 课题组对中国援外人员的访谈纪要。

来后患，最终会成为中国和受援国的包袱，损害两国友谊。

总之，中国的援外工作是由物质和精神两个部分共同构成的，中国援外的效果之所以往往超出世人的意料，正是始于周恩来总理对中国援外人员态度和行为等现在被称作"软"领域的高标准和严要求。在周恩来总理的言传身教下，中国援外人员不辞劳苦、不畏艰辛，深入受援国基层调查研究，与当地人共商发展大计，共建发展工程，为中国赢得了声誉和友谊。"八项原则"既是中国对外援助工作的试金石，又成为中国与其他西方援助国之间的分水岭。它以强调平等、合作、互利而在国际经济合作领域中独树一帜，在受援国产生了强烈的共鸣。发展中国家，特别是那些饱受殖民统治的前殖民地国家，通过中国援助更好地了解并理解了中国，成功地将外界对中国符号化、简单化、极端化的倾向扭转过来，而成功的秘诀不在于对外宣示和传播，而是通过中国对外援助工作人员们的一言一行，让受援国的政府和人民直接感受到并了解到中国这个巨型而遥远的国家的真诚和善意，并对中国萌生好感，最终真心诚意地帮助中国恢复在联合国的合法席位，并在许多国际场合给予中国热情的支持。此外，周恩来总理还以他坦诚和无私的人格魅力为中国赢得了友谊，并树立了中国的外交品格。这种品格的特征就是平等待人、态度鲜明、坦坦荡荡，一扫外交场中那种恃强凌弱、矫揉造作、文过饰非和言不由衷的积习，其精神的传导作用远远大于外援物资的提供。

在中国对外援助中体现出来的平等的国家关系与西方国家

各种各样的"条件论""联系制度"相比有云泥之别。在这种外交品格的感召下,同时也是在中国最大的援外项目坦赞铁路的修建过程中,中国外交工作水到渠成。1971年10月25日,第26届联合国大会以76票赞成、35票反对、17票弃权的压倒性票数通过了阿尔巴尼亚、阿尔及利亚等23国提出的要求恢复中华人民共和国在联合国的一切合法权利的议案,超乎了很多人的预期。"两阿"(阿尔巴尼亚、阿尔及利亚)提案的23个国家中,除了南斯拉夫没有直接接受中国的援助外,其余22个国家都是中国的受援国,并通过中国援助了解了中国。[①]

了解了中国的国情,也就比较容易理解中国对外援助的体制和机制。在国力很弱的情况下,要实现重大的外交战略突破,就需要一套更能够有效地调动各种资源的机制。而从中央到地方的网状管理体制也就建立起来了。不仅各相关部委设有"外援办公室",各相关省地市也设有"外援办公室"。在早期,中国对外援助中体现的高水平依靠的是全国一盘棋的行政组织和协调结构。中国的对外援助管理体系就像一张大网,有纲有目,纲举目张。欧盟学者经常讨论欧盟的"网络治理"在中国其实早已经实践了。

当然,有效的管理体制也有缺憾,过度的行政管理容易导致只算政治账、不算经济账的弊端。有些项目设计标准偏高、脱离实际,甚至盲目追求先进,不适合受援国的国情,造成浪

---

① 《光辉的历程——程飞(前外经部副部长)谈外援》,《对外援助工作通讯》2008年第3~5期连载。

费，所以中国对外援助主管部门不断地要求"实事求是"、"厉行节约"、因地制宜，力争做到"投资少、收效快，充分发挥援外资金的效用"。①

从中国共产党十一届三中全会开始，中国进入了一段如火如荼的改革时期，中国的对外援助也经历了大的调整和变革。从我看到的资料中，这个时期的中国对外援助一方面坚持了国际主义和爱国主义，例如邓小平同志多次强调："对外援助是一笔不可缺少的战略支出"，"要对广大干部、群众加强国际主义和爱国主义的宣传教育，使大家对援外工作有一个正确的认识"。②"我们要这样教育子孙后代：尽管自己发展了，还是要把自己看作是第三世界国家，不能忘记全世界所有的穷朋友。""中国将来发展了，但还是搞社会主义……还是把帮助穷朋友摆脱贫困作为自己的任务。"③

另一方面，中国虽然很大，但是还很穷，要对人类做出更大贡献，首先需要集中精力发展国民经济，实现四个现代化，所以中国的对外援助需要改革。④ 所以，小平同志指示说："在援助问题上，方针要坚持，基本上援助的原则还是那个八条，

---

① 商务部对外援助司：《对外援助管理规章制度文件汇编》，2005，第171页。
② 《邓小平会见特拉奥雷时说：中国将来发展了仍属第三世界》，《人民日报》1986年6月21日。
③ 《邓小平会见特拉奥雷时说：中国将来发展了仍属第三世界》，《人民日报》1986年6月21日。
④ 邓小平：《实现四化，永不称霸》，载《邓小平文选》（第二卷），人民出版社，1994，第112页。

具体方法要修改。"要适当削减援外开支,"少花钱、多办事",要通过修改援外的具体方法,"真正使受援国得到益处"。[1]

归纳起来,这个时期中国对外援助的方针就是在原有的国际主义原则基础上增加"实事求是"的内容,既确认了中国作为社会主义大国进行对外援助的国际责任和义务,同时又提出中国的对外援助要"量力而行、尽力而为"。"量力而行"是指钱,"尽力而为"是指精神,精神力量十分重要。[2] 在对待国际援助资金和项目问题上,是既接受援助,又提供援助。在具体做法上,本着"实事求是、量力而行"的精神削减了对外援助开支,但在削减数量的同时不能影响质量,不能影响效果。量要少,而且效果还要更好,因此也就提出了改革援外方式的问题,例如提出了受援国支付"当地费用"问题,"经济核算"、"合资经营"和"管理合作"等概念。在援外项目的投入方面,考虑到管理标志性建筑比管理生产性项目简单,为了减轻后续的负担并增加援助项目的可持续性,援建了一批纪念碑式的项目,如会议中心、体育场和医院等。后来,随着中国对"发展"问题的认识深化,又因地制宜地援建了一些贴近人民生活的中小型项目,如农业示范基地、乡村学校、必要的社会基础设施,并大幅度地增加了对技术培训和发展管理培训的资助。

---

[1] 转引自石林主编《当代中国的对外经济合作》,中国社会科学出版社,1989,第70页。

[2] 转引自石林主编《当代中国的对外经济合作》,中国社会科学出版社,1989,第70页。

对外援助是政府行为，因此对外援助的方式也与政府在社会中的地位和作用相关。随着中国社会主义市场经济改革的进程，中国对外援助的执行体系和对外援助的方式也发生了变化。例如，中国在对外援助领域里试行了"参股合作"，资助了"中国商城"和"工业园区"；再如，中国援建的大型基础设施项目，水电站、热电站、公路、铁路、桥梁、水库等，也都是通过招投标的方式，由具有资质的承建公司负责落实，而这些公司都是市场行为主体。政府的作用从直接调动资源转为与市场力量合作完成国家战略任务。后来，中国又建立了进出口银行，利用利息补贴的方式，使得贷款的利息降低，可以用来解决大型项目的资金短缺问题。中国通过自身的发展经验认识到，发展资金不能单靠外援资金来弥补，还要调动市场资源，才能填补资金缺口并使发展活动更加活跃，于是在中国的倡导下成立了一系列的多边发展银行，例如金砖国家开发银行、亚洲基础设施投资银行等。2015年投入运营的亚投行最具典型意义，是发展合作的新尝试，它调动的不仅是中国政府的资金，也调动了社会和市场的资金，不仅调动了传统援助国的资金，也调动了传统受援国的资源，这使得利益共享方更加多元，资金量也更加充裕。

平心而论，从事对外援助研究常常使我内心深受感动。本来，担任欧洲研究所的书记兼所长，时间就总是不够用，完全可以放弃一些研究项目，但是由于有了这份感动作为动力，我在时间的缝隙中挤时间，坚持研究中国援外。记得有一位中国老援外告诉我，"在世界上，并不是任何东西都能用钱买到的"。

在修建坦赞铁路的时候，中国先后调动了 5.6 万人的援助大军，最多的时候一次达到 1.5 万人，有 57 人牺牲在铁路修建的第一线，年纪最小的只有 22 岁。半个多世纪以来，很多援外人放弃了国内发展的机会，远离相对优越的生活环境，在援外一线兢兢业业地工作数年，甚至十数年。一次我在非洲调研，遇到一位援外参赞，他十多年来连续在不同的非洲国家从事援外工作，多次罹患疟疾，他的儿子从出生就生活在非洲最落后的国家，没有什么精英教育，而且也得了几次疟疾，我们看到他的时候，他的儿子刚刚退烧，孩子唯一的娱乐就是在经商处的大院里到处乱跑。这些援外人坦然面对物欲横流的当代世界，一丝不苟地从事援外工作，不愤世嫉俗，而且口无怨言。而我身边有些人，享受着国家快速发展带来的红利，还永远不知足，把宝贵的时间用于争名夺利，有时甚至不择手段。这种反差有一段时间让我感到很难过，也很痛心，有一次电视台来采访我，让我谈谈中国的援外人，我竟然止不住呜咽起来。

进入 21 世纪以后，中国对外援助事业进入了一个快速发展期，不仅援款数量以两位数的年均增幅急剧增加，而且援助方向和方式也迅速调整和改善，社会民生项目和国际应急人道主义援助成为新的亮点，对外援助的管理体制机制也相应持续地改进。2000 年的"中非合作论坛"标志着中国对外援助开始向多边舞台发展。援助的理念更加强调"以人为本"，更加注重及时有效地实施人道主义援助，更加侧重投资人的能力建设，这也从一个侧面反映了中国自身发展进入了一个新的阶段。中国

"中国对外援助"课题组考察坦赞铁路

的传统优势，如基础设施建设，开始转向投资建设医院、农业培训中心、学校、疟疾防治中心、住房等。我想，正因为中国兼具受援国和援助国的双重身份，因此更能够体谅发展中受援国的具体要求，更关注和贴近发展的实际，更尊重发展中受援国的主权，更强调平等互利的伙伴关系和合作共赢的发展理念，在政策制定方面也不受西方发展援助体制的教条约束，同时因为中国曾经有选择地吸收了西方发展的经验，因此经过中国传递的发展经验更容易被发展中受援国所接受。

2009年，我应商务部主管部门的要求，领导了一个小型的课题组，就中国对外援助60年进行战略总结。那一次，我们正式提出了建立中国国际发展合作总局的建议。因为随着中国经济的发展和深度融入世界经济，中国的对外援助规模日益加大，涉及的工作领域大幅增多，在外援领域里参与全球治理的程度明显加深，同时对外援助还要承担国家对外战略任务，需要长远规划和多方协调，也需要具体落实和检查监督，不能只低头拉车，还需要抬头看路。此外，多数援助国都设有专门从事国际发展援助的机构，成立中国自己的国际发展援助机构有利于增进国际合作，提高中国在国际发展领域里的话语权。况且，新中国在历史上曾经设立过专门的对外援助机构，如 1960 年成立的对外经济联络总局，后来的对外经济联络部，就是中国对外援助工作的归口单位。

除了跟踪中国对外援助的发展以外，我还应有关方面的邀请，于紧张工作的夹缝中跟踪发达国家的对外援助最新变化，考察国际发展援助领域里发达国家和新兴工业化国家之间此消彼长的变化，这使我能够深刻了解中国对外政策的发展演变，还可以从务实的角度理解国际发展领域里主导性话语的悄然变化。例如过去，国际发展援助的主旋律是市场化和自由化，主要话语是"经济结构调整"、"多党制民主"、"人权"、"法治"和"善治"等，基本逻辑是"市场经济＋机构改革＋民主选举＋人权法制＝发展"，随着中国的快速发展和"中国模式"及"中国道路"等议题的出现，特别是自 2008 年以后，美欧等国家深陷经济和金融危机，关于"发展道路"的讨论才出现了比较宽容的迹象，发展道路多元化才逐渐被认可。这就意味着，通过强制性的"附加条件"干预受援国内政的做法受到了质疑。

总之，中国在国际发展合作领域里的作用绝不仅在于援款数量的不断增加，更在于中国拥有许多可供世界分享的发展经验，这些经验正通过对外发展援助的渠道向发展中受援国输送，而中国则需要紧紧地扣住"发展"主题，提出并解决"什么样的发展"和"怎样发展"的问题。在这些问题上，国际上并没有形成统一的认识，中国恰好有机会根据中国自身的发展经验，形成一整套综合的发展理念，将国内发展与国外发展结合起来，在对外援助中具体体现创新、协调、开放、绿色和共享的发展理念，推动国际发展领域形成更多的共识。

在上述研究的基础上，由我主编的《中国对外援助 60 年》得以完成。该书一经问世，即被翻译成韩文出版，英文版也已经问世。最近，应中国社会科学院学部的要求，我将我本人撰写的、散见在各处的有关对外援助的文章汇集起来，形成一部《外援书札》，作为学部委员文集发表，算是对我个人 20 年来在对外援助领域里的学习和研究有个比较完整的交代，也为国内该领域的研究提供一些参考。

在这部书札中，我的关注主要集中在分析主要的国际行为体，同时关注相关的地缘政治和经济格局变化，例如冷战结束后发展中国家作为东西方争夺的对象的变化。我还试图讨论发展主题和技术、方式、方向之间的相互作用，通过对外援助这个视角可以清晰地看到，观念、细节、技术等因素对于国际关系的潜在和巨大的影响力。所以，我在这里讨论的不只是援款、项目、技术等这样一些树木，而是通过这些树木去判断整个森林。援助国有提供援助的理由，而受援国有受援国的无奈和选择。援助国和受援国有截然不同的社会结构和发展水平，但是外援将它们相互连接，从社会基层到政治高层都在其中扮演着这样或那样的角色，也许它们的出发点不同，却集体构成了对世界格局的一幅素描，这就是写实的国际关系。

当这本小书即将付梓之际，国际发展合作领域又出现了许多新的情况。联合国 2030 年可持续发展目标（SDG）的实现受到了新冠疫情的冲击，经济合作与发展组织则推出了新概念，认为若要达到 SDG 的各项目标，单靠现有的以官方发展援助为主的资源是远远不够的，还需要调动更多的资源，包括来自市场、企业、私人、基金会和非政府组织等的资源。为此，需要用"可持续发展的全面官方支持"（Total Official Support for Sustainable Development，TOSSD）概念取代既往的官方发展援助（Official Development Assistance，ODA）概念，并且借此机会对国际发展概念和行动进行规范性界定，更新国际发展援助的统计标准，在国际发展援助的话语体系和实践活动中掌握主动。中国积累了丰富的国际发展实践经验和以"南南合作"为支柱的发展概念体系，而经合组织借助联合国和可持续发展目标而进行的这一概念转换如此迅速，意味着中国需要快速地在仍由西方世界占据优势地位的多边机制中掌握主动，维护自身和发展中国家的利益，推动人类命运共同体的建设。这个领域里未来的研究工作将更加艰巨、更加复杂，而中国也切实地需要提高自己的"软实力"。

欧洲一体化与欧洲模式

一 开启欧洲一体化研究

20世纪90年代，欧洲一体化进程加速，欧洲共同体发展成为欧洲联盟。1995年欧洲联盟发布了第一份对华政策文件，成为中国越来越重要的外交对象和合作伙伴。我于1995年就任欧洲研究所副所长，分管外事工作，自此，开展与欧洲联盟相关机构的合作，组织对欧洲联盟这样一种新型国际行为体的研究，就成为我义不容辞的分内工作。

中国与欧洲联盟的前身——欧洲共同体于1975年建立正式的外交关系，紧接着中国开始了对欧共体的研究，主要是北京和上海两地研究世界经济的学者和教授们从经济贸易的角度研究欧共体。欧共体发展成为欧洲联盟以后，欧盟的权能进一步加强，形成一个复合、庞大、多元且日益变化中的国际行为体。欧盟在很大程度上主导了成员国的对华贸易政策，在其他许多政策领域里也开始协调立场、统一行动，形成合力。欧洲联盟和国际领域里的其他主权行为体的组织结构与行为方式迥异，已有的国际关系理论都不能很好地解释欧洲联盟，必须深入研究，才可能把握好欧盟的动向和中欧关系的尺度。

就任副所长伊始，欧洲研究所里的一些老同志希望我能够帮助研究所打开对欧洲的学术外交局面，我肩负众望自然格外努力，经过各种谈判、协调和磋商，我推动中国社会科学院欧洲研究所加入了"中欧高等教育合作项目",使中国社会科学院10个研究所、50多名研究人员能够参与欧洲一体化研究,并获得了合作项目的资助,到欧洲进行短期进修。在此基础上,我组织了"欧洲一体化译丛"的翻译出版。这套书共五卷,涵盖了政治学、经济学、法学、历史学、国际关系等多个学科。著作多是经过审慎挑选的,有的是多次再版的名著,有些是作者专门为中国读者撰写的基础理论入门著作,其中去除了意识形态的因素。译者则多来自欧洲研究所。我当时的考虑是借助国外的资源,尽快地扩大我国关于外部世界的知识面。这套丛书后来成为很多欧盟研究者的入门参考书籍。

二 我的德国合作伙伴比娅塔·科勒教授

在这里不能不提及与我长期合作的德国曼海姆大学政治学教授、一位欧洲知名的让·莫内讲席教授、研究欧盟治理的大家——比娅塔·科勒-科赫(Beata Kohler-Koch)教授(她现在的名字是比娅塔·科勒)。我和比娅塔之间的合作持续了十年有余,而我们之间的友谊延续至今。初识比娅塔是在"中欧高等教育合作项目"的学术委员会上,她是欧方的三位委员之一,我是中方的三位委员之一。我们因为都是女性委员,所以会有更多的共同点。

比娅塔是一位典型的德国学者,她做事严谨认真、一丝不苟,到了极致的程度。她还能够娴熟地运用各种程序,俨然是一位学界领袖。"程序"在国际合作项目中是一门学问。我在美国的时候曾经专门学习过一个星期的"程序设计"课程。所谓程序设计，就是根据发展项目的特点和目标，设计不同的方法，例如"头脑风暴"、"游戏"和"角色扮演"等，使得有利于发展的信息能够顺利传达，目标能够充分实现。例如，降低母婴死亡率有一些简单易行的方法和知识，要将这些准确无误地传达到农村基层，没有遗漏和扭曲，就需要一套程序性的方法。我觉得这些程序中最有用的就是"头脑风暴"了，因为这种方法以一种完全平等的方式集中所有参与者的意见，快速形成共识，减少矛盾和博弈，有效达到项目预定的目标。因为比较熟悉这套程序，所以我能够理解比娅塔的方法。例如，她会先用"头脑风暴"的方法让学术委员们就会议议程达成一致。因为议程是大家共同确定的，所以来自各国的学术委员就都会根据议

学术委员会全体成员我和比娅塔是学术委员会中的女性委员

程一步步推进，共同形成决议。开始的时候，有些委员不太在意议程，后来发现议程很重要，需要讨论的事务如果不放进议程就会被忽略，所以在第二次讨论议程的时候，大家都很专注。标准的制定也是集思广益的，然后就是分工了。每位委员要就各自承担的部分提出意见，而这时比娅塔会严格审核，常常成为唯一提出相反意见的人，所以有些学术委员有时会有点怵她。我觉得比娅塔的标准是尊重学术的，虽然严格，但并非无理，有时她也会接受其他人的反驳意见。

用"工作狂"来形容比娅塔一点都不过分。她工作的时候总是井井有条，无论有多少事情要做，也丝毫不慌乱，有时事情太多了就加班。她自己说，她最忙的时候每天只休息两三个小时。在学术委员会的时候，她总是认领最大份额的申请书，读不完她就让我们去吃午饭，她自己中午不休息，吃点胡萝卜和饼干，一口气干到晚上。那个时候，为了尽早地让更多的中国学生和老师到欧洲访学，我们每次开会都非常辛苦，常常工作到午夜以后。有一次我到家已经深夜一点多了，大院的门关了，值班室的人睡熟了，我只好翻墙回家。因为预算的关系，学术委员会的所有成员都是义务劳动，但是没有人提报酬的事。可能是因为相当辛苦，所以学术委员会的意大利教授先辞职了，但是比娅塔坚持到最后。

比娅塔的成名之路也是跨学科探索之路。她曾经在德国和美国求学，获得过国民经济学硕士学位和政治学博士学位。在德国知名的科隆大学、达姆施塔特工业大学任过职，在美国霍普金斯大学、意大利博洛尼亚高级国际研究学院、荷兰马斯特里赫特大学和维也纳高级研究所做过客座教授。1997年起任欧洲一体化让·莫内讲座教授，1998年起任柏林-勃兰登堡科学院院士。当然，她在欧洲学界还是以"欧盟治理"理论创始人著名。她将"治理"（governance）与政府（government）区分开来，以分析欧盟独特的决策方式，认为欧盟的核心虽然是通过法律实行一体化的"共同体决策方式"，但是具有集体约束力的决策形成方式对欧盟治理产生了影响，而且出现了"通过软法实现一体化"的方式，在没有传统政府的条件下，治理在各个领域都出现了一些新的形态（例如网状治理），利益集团和行业组织也形成了跨国发展的态势。她担任德国研究联合会"欧盟治理"协调员，还领导了欧盟治理的泛欧研究课题。比娅塔本人的著作很多，我把它们都收集起来，做了一套比娅塔档案，留着慢慢咀嚼。

我十分敬重比娅塔对学生的那份真挚的爱，有时她看到一份好的申请书，就会喜形于色，还自告奋勇地说，希望那位申请者到曼海姆大学，她要亲自辅导。比娅塔对于她的学生们可以说得上是尽职尽责。我把我的学生推荐到她任教的学校，她就把这些中国学生当作自己的学生一样指导。这些学生因为有语言障碍，比娅塔就多花些时间，给他们"吃点小灶"。一次，我到曼海姆大学访问，碰巧我有几位年轻的同事在那里访学，她就建议我们共同指导学生，在指导的时候，我目睹她的学养和风度，由衷地钦佩。对于我来说，这样的机会可以算得上是继续学习，我相信我的那些经过她指点的青年同事也会感觉终身受益。

比娅塔很惜时，但是我们在一起神聊的时候却往往会忘记时间。她关心中国历史的话题，也常常听我讲对当代中国改革的理解。有一次，我谈起对国家转型课题的关注，她给了不少好的建议，还让我关注不莱梅大学的国家转型课题组，并推荐我读了几本重要著作，包括施泰因·罗坎的理论和斯特凡诺·巴尔托里尼（S. Bartolini）的《重塑欧洲：民族国家和欧洲联盟之间的中心构成、体系建设和政治构建》（*Restructuring Europe, Center Formation, System Building and Political Structuring between Nation-state and the European Union*）。她的指引使我找到了研究这个问题的捷径。我在曼海姆大学欧洲中心那藏书丰富的图书馆蹲了几个星期，就近补充了一些相关知识，完成了《民族建设、国家转型与欧洲一体化》（《欧洲研究》2007年第5期）一文的写作，其中关于民族建设和国家建设不同步的结论就是当时做出的，对于我后来解释欧盟的错位发展现象十分有用。在那篇文章里我还介绍了施泰因·罗坎的"中心构成"理论和斯特凡诺·巴尔托里尼的"系统程序"理论，分析了欧洲民族建设与国家建设这两个不同的历史进程对民族国家领土空间中各种"中心"和"系统"的不同贡献。这些"中心"不仅是移动的，而且围绕"中心"构成的"系统"也是不同的。历史发展到20世纪60~70年代，国家建设和民族建设在欧洲形成了高度重合的结构，也就是说，保证安全、法治、民主和福利这些分别来自国家建设和民族建设的功能开始相互重叠，形成了一种"相对稳定的均势"和一种"相互协作的格局"，这就是民族国家的"黄金时期"。在欧洲一体化的大潮冲击到民族国家体制的堤坝之前，在欧洲民族国家的疆界内，经济力量、政治力量和社会文化力量曾经相互制约而又相互支持。在欧洲一体化进程中，民族国家中的经济和法律等机制来自国家建设历程，它们遵照功能性规律向欧盟层面转移；民族国家中的社会文化等机制来自民族建设历史，它们根据民族性逻辑而滞留在民族国家层面；受到民族建设和国家建设两种力量推动的经济社会机制则在民族和国家"错位"的情况下被置于肢解的状态，转移的只是其中功能性的部分。欧洲一体化因此表现出一种"犬牙交错的国家转型"进程。这种"错位"现象不仅在欧洲一体化进程中比比皆是，而且也频频出现在中国与欧盟的关系领域，是不少误解和无谓博弈的原因。

比娅塔身上既有科学精神也有人文情怀。相处时间久了，我发现她并非缺乏灵活性，相反在坚持学术规范的同时又十分善解人意和通情达理。她知道我关心德国的社会历史，就会在周末开车带我去一些德国小镇看博物馆，和我一起讨论罗马帝国的北部边疆，帝国周边地区的经济和社会往来，以及哥特式建筑等古远的话题。我们也谈现实政治，主要是讨论欧盟的治理转型。

"中欧高等教育合作项目"结束以后，我和比娅塔决定继续合作，我们在"亚洲链接"和"中国—欧盟'欧洲研究中心'

我和比娅塔在学术委员会上

项目"中合作。在最后这个项目中,我担任联合学术委员会主席,在部分欧方委员不合作的情况下,依靠中国各个欧洲研究中心和项目办公室的支持,成功完成了项目,由我总主编的《欧洲模式研究丛书》也出齐了,一共有《欧盟治理模式》、《欧洲经济社会模式与改革》、《欧盟法律创新》和《欧洲认同研究》四卷,每卷设一名分主编,内容大都是中国学者与欧洲学者合作写成的,既体现了中国学者当时的研究水平,也促进了中国与欧洲学者的深入合作。

从 1997 年到 2007 年的十年间,我主持了无数次的谈判、项目评审、联合会议和国际会议,通过项目资助过全国 20 个名牌大学的欧洲研究中心建设,完成了北(中国社会科学院欧洲研究所)南(复旦大学)两大欧盟图书资料库的筹资和建设,管理了全国性的项目办公室,协调了全国性的欧洲研究。在这些繁杂的工作中,但凡需要欧洲同行配合的时候,我都会毫不犹豫地联系比娅塔,而她总是能够提供专业性很强的支持。我们先后完成了"欧洲研究课程开发项目"和"中欧—欧洲研究中心项目",又合作主编了一本《欧盟治理模式》(2008)。比娅塔退休的时候我恰好在德国访问,参加了德国同事们为她举办的荣退庆祝会,会上她说,开始的时候,她认为她是在帮助中国学者和学生了解欧洲,经过十年的努力,她发现她从中国学到的东西绝不少于她教授给中国人的知识。我知道,这是她的肺腑之言。

比娅塔退休以后,我们见面的机会少多了。一次我去布鲁日开会,她从德国专程赶来,我们又利用会前的半天时间聊了一个够,现在虽然远隔千山万水,各自都是忙人,也不忘在疫情中互道安康,既是"人生不相见,动辄参与商",又是"海内存知己,天涯若比邻"呀。

三 欧盟是怎样的力量

欧洲联盟和中欧关系研究的难点在于边界和概念总是比较混乱,毕竟欧洲联盟在人类历史上是一种特殊的存在,并无先例。很多人不了解欧盟的特性和权能,对欧盟的独立外交能力的期望值不是过高就是过低。为了让更多读者了解欧盟的特殊性,我组织了一些中国学者,共同撰写了一本《欧盟是怎样的力量》，从欧盟作为经济力量、作为规范力量、作为治理力量、作为政治力量、作为文化力量、作为军事力量等许多角度分析欧盟的特性，并回答欧盟作为一支重要的国际力量的各种行为取向和原因。这本书后来被编入中国社会科学院文库。

在书中，我简单地回顾了欧洲联盟从建立到发展的历程，包括建立欧洲煤钢共同体的《巴黎条约》、建立欧洲经济共同体和原子能共同体的《罗马条约》，直到建立欧洲联盟的《马斯特里赫特条约》。在这个过程中关注了"力量"的不同组合和变化。我认为，英文的"power"在国际关系领域里通常被翻译为"实力"或"权力"是不准确的，只反映了特定时期的国际关系，也就是民族国家时期各种力量聚合起来的状态。所以，在国际关系学界，"power"往往被理解为"国家"或者"强权"。事实上，"power"可以是中性和"自在"的概念，可以是不同种类的"力量"。书名定为《欧盟是怎样的力量》，就是从欧盟作为一种中性的"自在的力量"出发，考察欧盟力量的构成，其自为的成分和方式，以及最后通过综合各种力量形式整合为实力，成为影响世界发展进程的"特殊力量"。此后，我以"欧盟是怎样的力量"为题，在包括军事科学院、外省各大学和政法部门等多个场合做演讲。总括起来传递了以下主要的信息。

（一）欧盟的基本情况

放在全球环境中观察，欧盟只占世界陆地面积的 6.8%，世界人口的 6%，而且这一比例还在继续下降，并且在急剧老化，欧盟是世界人口平均年龄最大的地区。欧盟固然是世界上工业最为发达的地区之一，生产总值占到了世界 GDP 的 22%，但随着新兴经济体的快速发展，这一占比也在下降。欧盟的人均 GDP 达到了 3.5 万美元，平均富裕程度很高，而且社会比较平等。欧盟还有设在比利时首都布鲁塞尔的欧盟总部，有 12 颗金星构成圆环的盟旗，甚至以贝多芬第九交响曲《欢乐颂》为盟歌，有庆典日（就是每年 5 月 9 日的舒曼日），有立盟的原则，即商品、服务、资本、人员的四大自由，还有自己的法律。在欧盟层面设立了超国家的欧洲法院，欧洲法院拥有司法权。欧盟法相对于成员国的法律是上位法，对成员国有直接约束力，对成员国公民有直接效力。

但是如果用欧盟来比照典型的主权国家，它又欠缺很多。例如，它在经济贸易政策领域里享有决策权，但是在外交政策和社会政策等领域里，权力并没有集中到欧洲联盟。欧盟的防务是分散的，警务也是成员国的。欧洲联盟的权力领域在不断扩大，这种扩大有规则可循，就是根据经济发展的需要，循序渐进地向经济贸易以外的领域"溢出"。当然，欧元区的建立另当别论，它是一个政治产物，所以一旦经济和金融危机袭来，欧元就会腹背受敌。欧盟的成员国太多，决策起来难度很大，过去有些"一票否决"的领域在《里斯本条约》后改成"多数表决制"了，欧盟对外行动署的问世至少回应了"基辛格难题"。20 世纪 70 年代基辛格曾经揶揄欧盟说，"如果我想给欧盟打电话，电话打给谁呢？"意思是问，在欧盟谁说话才算数，电话应当打到巴黎、柏林，还是布鲁塞尔？这句话成为质疑欧盟体制有效性的经典话语。

为什么要研究欧盟？因为它不仅是当今世界的一股力量，而且是一股不同于一般主权国家的力量。有个简单形象的比喻说欧盟是"经济巨人、政治矮子、军事侏儒"。

(二)"经济巨人"

第一，就经济总量而言，欧盟可以被称为当之无愧的"世界一极"。欧盟的经济总量超过了美国，远远地超过了中国和日本，而且在欧洲还累积了大量的财富。除了英国和德国以及比、荷、卢等西欧发达工业国家以外，贯穿北部意大利、瑞士和奥地利的古商路至今仍是世界各种交易的中心。欧洲社会还是国际资本的聚集地，欧债危机是政府债务危机，很多国家的公民就是国债的债权人。

第二，欧盟是一个极具全球吸引力的大市场。欧盟不仅提供了世界上很多的高端产品，而且还在各种经济困境中于2015年吸引了世界14.5%的进口贸易，提供了17.5%的出口贸易，两者均为世界第二。截至2015年底，欧盟28国对外直接投资的存量为6.894万亿欧元，同比增长14.9%；欧盟吸收外商直接投资存量为5.842万亿欧元，同比增长22.8%。虽然这些数字会随着其他经济体的迅速崛起而降低，但是欧盟的经济贸易实力和潜力是任何一个谋求发展的国家都不会忽略的。

第三，欧洲的经济竞争力并没有全面衰退。欧盟为世界提供了大量的高端工业产品和消费品。在世界500强中，欧洲公司和美国公司基本上是平分秋色，虽然这几年来中国异军突起，但是欧洲在科学技术和综合竞争力方面仍然处于领先地位，因此才特别在意"知识产权"，害怕被中国追上了。

第四，欧盟的人口素质和创新能力居于世界优势地位。德国的人均生产力远高于中国，法国人虽然工作时间短，但是单位（小时）生产力甚至比德国还要高。

第五，欧元已经打破了美元的独霸局面，对国际金融体系具有促进稳定与平衡的作用。目前，欧元仍然是世界第二大货币，欧盟不仅基本渡过了债务危机，而且由于要应对危机，欧元区和欧盟出台了大量的新政策和新规则，严明了欧元区的财政纪律，加强了欧元成员国之间的融合，有利于欧盟的持续发展，也有利于欧盟成为世界上的一极。当然，由于民族国家的存在，这种融合也相当脆弱，随时都可能受到来自民粹主义的挑战。为了维系和南欧的团结，欧盟在财政紧缩之后，开始了一些宽松政策和积极投资政策。

第六，欧盟在全球经济贸易规制方面具有软力量，这里既包括规制力量，也包括示范力量。规制力量就是制定国际规则，强迫他国甚至全球执行规则的力量，而示范力量则是提供模板，使各国参照或模仿执行的力量。欧洲参与了布雷顿森林体系规则的制定，在世界贸易组织中具有27（成员国）+1（欧盟）的权重，而且正在通过各种自贸区的谈判和运行，推行对欧盟有益的贸易规则。

不过，作为一种独特的区域化经济体，欧洲经济共同体以及欧元区在成长过程中无时不需要面对自己与生俱来的弱点，并且不断地承受着来自美国式的经济全球化的冲击。以美国和美元为代表的全球化力量与以欧盟和欧元为代表的区域化力量在全球化的条件下互相利用与促进，在区域化的条件下又相互角力与掣肘。欧盟内部的差异性不断地给欧盟带来新的矛盾，阻碍欧盟内部的合作，使欧盟和欧元面临包括美国和美元竞争因素在内的不断加大的风险。作为世界经济货币格局中的重要一极，欧盟（特别是欧元区）的潜在地位与现实作用之间存在差距。因此，欧盟虽然堪称"经济巨人"，但算不上是"经济强人"。但是只要欧盟不解体，还是能够依靠其巨大的体量，在经济风暴来袭的时候"抱团取暖"。

（三）"政治矮子"

欧盟在经济上虽然可以说得上是"巨人"，但并不是行动自如的"强人"。这个"巨人"的各个肢体在受到外部冲击的时候总是倾向于各行其是。来自欧盟多元社会的压力是欧盟成员国自行其是的一个原因，但政治上的不统一是影响欧盟决策，包括经济决策的短板。所以国际组织在进行世界经济总量的排序时，往往将欧盟排除在外，仍然按照国家来计算。欧盟的决策方式和治理体制可以说得上是非常独特，举世无双。从形式上看，欧盟机构可以说五脏齐全：它有最高权力机构——欧洲理事会，但这个权力机构由成员国领导人和欧盟委员会主席共同构成，决策效率不可能不受到各方利益的牵扯和掣肘。欧盟也有自己的"总理府"，即欧盟委员会，每个成员国都派一名欧盟委员，负责一个领域里的事务，但他们并不一定就是该领域里的行家。欧盟的对外行动署试图履行欧盟"外交部"的职责，负责代表所有的成员国"用一个声音说话"，也就是提供基辛格要的"电话号码"。但是，根据欧盟的权力结构，在对外经济贸易领域里欧盟有实权，在其他对外关系领域，决策还要靠投票，重大问题领域里的决策还要实行"一票否决"。欧盟还建设了自己的跨国直选议会，各国政党在欧盟层面形成议会党团。但欧洲议会主要是发表意见、参政议政，人事任免权和预算批准权都是象征性的。欧盟层面上甚至设立了法院，欧洲法院还是"上位法"，但欧盟立法的范围是有限的，所以还不能全面替代成员国的法律。

从治理体系的角度观察，欧盟最明显的特征就是它并非一个"国家"，也不是一个传统意义上的国际组织，它的力量不是各个成员国力量的加总，因为各个成员国的力量有时相互促进，有时又相互抵消。欧洲联盟的合法性来自成员国之间的条约，权力范围仰赖成员国的授权。与主权国家相比，欧盟的政治体制既不完整也不够权威。但是与一般的国际组织相比，欧盟却既有超国家政府，也有政治领导人和施政机构。不过，欧盟的政府与主权国家的政府不能简单类比，欧盟的政治领导人没有主权国家的政治领导人那么大的权力，欧洲理事会主席并非欧盟公民直接投票选举产生，而是由欧盟成员国的首脑根据双重多数制的方式选举产生，即支持票数代表欧盟 55% 以上的成员国和 65% 以上的人口。同样，欧盟委员会主席也不是民选领袖，而是成员国首脑经过磋商、博弈和妥协推选出来的。欧盟主要国家的领导人实际上左右着欧盟机构领导人的遴选程序，也影响着欧盟重大政策的制定。

由于欧盟机构领导人的授权有限，他们的领导和决策方式也只能别具一格。例如他们无须也无力对外宣布战争，但是却需要具备协调欧盟多国各方利益的技巧。在不同领域里，决策方式依据欧盟一体化程度的深浅而有所区别，有"欧共体方式"（Community Method）、"政府间方式"（Inter-governmental Method）、"开放性协商方式"（Open-Method-of-Coordination）等。为了协调各方利益，欧盟还发明了名目繁多的民主工具，例如"参与式民主"（Participatory Democracy）、民主协商（Deliberation）和协商式民主（Deliberative Democracy），等等。这样就构成了容纳欧盟、成员国和利益团体在内的复杂的"决策共同体"。

具体来讲，"欧共体方式"指欧盟在其专属的权力领域里使用超国家或类国家的方式进行决策，成员国不再是决策主体。例如，欧盟成员国已经将对外贸易投资领域里的决策权让渡给了欧盟，这个领域"政出一门"，欧委会是这一政策领域的超国家行政决策部门。此外，欧洲法院、欧洲央行等机构也适用"超国家（等级式）决策"。

"政府间方式"适用于欧盟不享有专属权力的政策领域，例如在一些"共同政策"（如共同外交与安全）领域里，欧盟没有独享的决策权，欧盟的治理方式是"政府间协商谈判"。在决策过程中，有些问题采取"一票否决"，有些问题则采取"少数服从多数"方式。

还有些职能领域出于历史、文化或国情的原因，无法在欧盟层面整合统一，但为了共同市场的建设，欧盟又必须出面协调政策（例如社会分配政策），因此除了发布一些指导性的沟通文件，制定一些与市场建设直接相关的法律法规以外，欧盟还尝试使用更加软性的工具，促使各国政策趋同，例如通过规范统计、开放协商、相互影响、制定规则等方式集中意见、协调行动。这种方式被称为"开放性协商"，但因其缺乏约束力而备受批评。

此外，欧盟还通过建立专题的专家小组，让所谓的"政治企业家们"提出立法动议，实行"共同决策"，或通过"开放性协商"建立共同政策目标和目标体系，并通过监督和评估达到"软约束"的目的。

上述多层的治理方式通过费时耗力的协商、广泛的意见征集，并通过在不同的行为者之间协调行动、分享权力和利益，通过法律、行政与规则和程序等工具的交错使用，达到使各成员国步调基本一致的目的。

为了实现"欧洲联合"的政治理想，整合结构不同、特色各异的各国力量，欧盟不断地创造着法律、机制和程序等实现政治理想的工具，从而形成了欧盟特有的法律规制力量、机制执行力量，以及软规则约束力量。欧盟法律的规制力量来自"欧洲联合"政治理想的法律化。欧盟创造的共同法律将国家间的纠纷与争端纳入法律调解和判决的框架，使欧盟法成为不同国家的共同自我约束力，并且使欧盟在国际舞台上享有了法律人格。与此同时，欧盟法和欧盟法院成为一种能够继续推进一体化进程的自在力量，这毫无疑问是人类制度史上的创新。当然，欧盟法律一体化的发展是不均衡的，在法律一体化程度高的领域里，欧盟对外部世界的影响力明显大于法律一体化程度低的领域。因此，欧盟国际地位和作用的提高也依赖于其法律一体化的推进。

欧盟的运行机制不是民族国家运行机制的简单延伸，而是为了解决民族国家的诸多难题而进行的制度创新，因此它与成员国的机制有相似之处，也有明显不同的"超国家"特征，其中体现了联邦与邦联的双重性质，而且在不同的功能领域和不同的决策层面上体现了不同的决策组合形式，因而也就会在不同的场合和不同的问题上释放出不同质的力量，它的执行力量时软时硬，在政治上充其量也不过是个"矮子"。

欧盟作为一种政治力量还在于它不单纯地依靠法律和行政的力量去实现自己的目标，而是能够在多层级的欧盟社会中直接调动资源。这种治理超越了传统意义上的政府行为，直接诉诸欧盟内外的民族团体、公司代表、共同利益代言人和职业游说等人士，通过持续的协商、审议、推广、相互影响、互相调整等软性程序去实现预期目标。法律、行政与规则和程序的交错使用为欧盟治理带来了超国家决策、共同决策、政府间协商和公开协调等多种方式。这些方式不以效率见长，却能跬步千里，使人类历史上前所未有的"欧洲一体化"进程始终不偏离其联合自强的初衷。

欧盟主权债务危机考验了欧盟决策机制,暴露出它的制度漏洞和决策低效,凸显了南北失衡、监管缺位、救助不力、竞争不足、财政纪律不严、社会认同不够等系统性和制度性问题。在最初几轮的冲击下,一些媒体和个人曾经发出过"欧元区(或欧盟)解体"的预判。但是经济规律和法制体系的约束使欧盟解体的难度不亚于欧盟建设。共同意志的逐渐形成更是推动各项治理改革措施向深入一体化的方向发展。欧债危机后,欧盟不仅创新了救助机制,而且加强了欧央行职权,推出了财政公约,设立了银行单一监管机制,启动了泛欧的基础设施建设,在财政预算和监督惩罚等领域获得了更大的权力。

作为一种政治体制,欧盟的一大特点是功能发育不全。《里斯本条约》试图对使用不同决策程序的欧盟"三根支柱"体系(共同体、共同外交与安全、共同内务与司法)加以改革,加强欧盟的整体地位。但是,共同外交与安全政策至今不能成为欧盟的权力范畴,成员国事实上仍然保留了外交与安全的主导权。在难民危机来袭之时,各国民众纷纷要求本国政府提供边境管控和安全保护。即使是在一些重大的经济政策领域,欧盟也不能像一个主权国家那样运转。欧盟这个"经济巨人"的各部分在受到美国次贷危机波及时就开始各行其是,受欧债危机冲击时又软弱无力,被搞得千疮百孔,面对难民危机和恐袭危机时更是政出多门,甚至以邻为壑。最后,英国甚至在政治上背离欧洲一体化,对欧盟体制造成了前所未有的伤害。

在多重危机的冲击下，在世界力量格局发生深刻变化之际，欧盟不违初衷，依然努力向联合自强的目标推进，还提出了"主权欧洲"概念，力争在群雄博弈的国际舞台上保住"世界一极"的地位。

（四）"军事侏儒"

从数字上来看，欧盟国家的国防开支在本国公共财政中的占比和美国相距甚远，英国、法国、德国的国防开支加总也只有1000多亿美元，比俄罗斯一国略微多一点，如果减去英国，也就略等于俄罗斯的一半。虽然在特朗普政府的催促下，欧盟各国开始增加军费开支，但是与美国要求的2%的GDP占比还相去甚远。欧盟国家在冷战时期一直处于美国的核保护伞下，没有发展起独立或半独立的防务。国家把更多的钱用于提高人民生活水平、教育水平和社会福利水平。受欧盟主权债务危机的影响，各国纷纷削减经费，选民反对削减福利，所以政府只好削减军费。此外，欧盟的政治一体化程度远不及经济一体化，因此很难通过政治力量将成员国的军事力量整合起来，形成欧盟的独立防务体系。这样一来，欧洲的军事力量就变成了分散而小型的"军事侏儒"。

其实，建立欧盟整体的独立防务体系一直是欧洲人的梦想。二战结束的时候，欧洲人脑子里想得最多的不是到世界上去争霸，而是如何能使"欧洲永远不再战"。二战中数千万人死于战乱，欧洲人终于打怕了，渴望"永久和平"。二战后的欧洲能人贤士们在各种聚会上讨论避免战争的方案。其中，丘吉尔曾建议成立一支"欧洲民主控制的、能够与美国和加拿大协同发挥作用的、由欧洲统一指挥的武装力量"。"欧洲统一指挥的武装力量"就是不要法国人、德国人或者英国人指挥,而是要欧洲统一指挥。这样,法、德、英之间就不会再爆发战争。这样的防务一体化理想曾经十分接近实现。建立欧洲防务共同体的文件已经签署,后来因为法国人的变卦而成为一纸空文。在理想和现实面前,戴高乐选择了务实。因为共同的军队意味着共同的军事战略,而共同的军事战略需要有共同的外交战略来支撑,共同的外交战略意味着多种涉外和海外利益的融合。英国的战略重心在英联邦,而法国有法属殖民地和海外领地,它们都不希望其他国家染指自家的后院,提出了各种"例外",但是如果各国都要求"例外行事",共同体就无法形成。

结果,西欧就走上了一条防务合作而非一体化的道路。1954年欧洲防务共同体失败以后,法、英、荷、比、卢5国同联邦德国和意大利签署《巴黎协定》,建立西欧联盟。原则上是由成员国主导,实际是由英、法主导。1998年英、法在圣马洛提出《欧洲独立防务倡议》,提议建立多国多兵种联合派遣部队。1999年科索沃战争以后,欧洲成立了一支快速反应部队,要摆脱美国控制,发展独立防务的取向更加明显。"9·11"事件以后,特别是伊拉克战争以后,欧盟意识到加强集体的独立防务的重要,成立了欧洲防务局等机构,依托经济共同体,共同投资武器装备的发展。

欧盟独立防务的发展引起了美国的不安。美国并不希望欧盟成为一个摆脱美国的安全联盟,而是要把欧盟紧紧地锁在北大西洋公约组织框架之内。美国前国务卿奥尔布赖特为此提出了著名的"3D 原则",实际上就是"三不原则"。第一是不与北约的决策相分离,欧洲可以搞快反部队、共同防务,但是要在北约的框架下搞。第二是不许和北约的防务资源及防务架构相重复,就是不许重建一套独立的防务体系。第三是不歧视非欧盟的北约成员国,欧盟在北约内的活动要对美国"透明"。

事实上,欧盟对于美国的军事霸权是有所戒备的。例如,当年欧盟研发"伽利略"卫星导航系统时是邀请中国参加的。美国表示反对,希望欧盟参加 GPS,这样可以"不重复"投资。欧盟人士说,如果美国突然关停 GPS 系统,而欧盟的船只还在海上,那不是十分危险吗?这说明欧盟对美国也不是没有战略疑虑。欧盟和中国在卫星导航方面的合作终止,也有美国因素的干扰。

欧盟由于军事实力薄弱,而软实力很强大,所以在世界上一向强调软实力和民事力量,强调用规制力量改造世界。利比亚危机时欧盟的表现就是欧盟使用软实力的一个例证。

2011 年 2 月 20 日,欧盟外交与安全政策高级代表阿什顿在开罗发表了支持利比亚和平有序民主过渡的讲话,表示要长期支持反对派,这个讲话实际上就相当于一个动员令。3 月 11 日,英、法跟进表态,要卡扎菲必须下台。欧洲理事会主席范龙佩接着提出,欧盟愿意采取各种必要的解决方案来制止卡扎菲政权对平民进行攻击。而英、法则跑到欧盟以外的国际社会去寻求"意愿联盟",推动联合国安理会第 1970 号决议生效。联合国决议还没生效,欧盟就通过了一个代号"EU FOR LYBIA"的决议,要向利比亚提供 1 亿美元的人道主义援助。5 月 26 日八国集团联合声明,说卡扎菲失去合法性,随即英、法开始动武。欧盟作为一个机构虽然没有出动一兵一卒,也没有实力调兵遣将,但是欧盟机构与个别成员国彼此唱和、软硬兼施、默契配合,全然不顾有些成员国,特别是新入盟的中东欧成员国的反对,将反对意见被排除在整个程序之外。由此来看,欧盟作为一个整体并没有对利比亚实施武装打击,但是缺乏武装力量并不意味着缺乏力量。欧盟这个"军事侏儒"并非没有牙齿,有人称欧盟为"软性强硬手段",听上去挺矛盾的。

(五)欧盟的自我意识与世界观念

由于欧洲联盟的特殊性,所以欧洲人总是会频频地向自己发问:"欧洲是什么?""欧洲要什么?"欧洲不是英法德意西 + 欧洲中小国家,不是欧洲理事会 + 欧盟委员会 + 欧洲议会 + 欧洲法院,不是世界地图上那一片有着 27 种不同颜色的主权国家的集合体,欧洲人没有一种法定的官方语言和一个权力集中的首都。欧洲联盟应当是什么?它的规则为什么是这样而不是那样?在欧洲人开始面对世界的时候,这些问题就愈发显得重要:如果欧洲联盟不是建立在共同的价值标准之上,如果它不是一个价值共同体,那么它如何能自觉地在世界上发挥作用?一个没有自觉的欧洲联盟可能是一种自在的力量,却不可能是一支自为的实力和一支在世界上自觉地发挥作用的权力。欧洲人清楚地知道这一点，他们搜遍自己的历史去寻找共同价值，如果最终无法找到，他们也会努力地去建造一种共同价值。

欧洲人着意打造的欧盟共同价值都是些堂而皇之的大道理：自由、人权、民主、法治、团结以及"多样性的统一"（和而不同）。这些道理分别产生于欧洲历史的某些特殊阶段，后来被欧洲人当作宝物保存了下来，而其他一些不光彩的理念就被扬弃了。凭借对那些正面道理的总结、归纳、提炼、传播，欧盟就占领了道义的优势地位。开始，这些道理是用来装备自己、巩固自己，给欧洲联盟的存在和发展正名的。在回答了"我是谁"以后，欧洲人开始重新认识世界，并且在认识世界的同时反思自我，进而确定他们对于外部世界的态度和作为。

因此，欧洲人所认定的理想世界秩序是自由、民主、人权、法治、团结和多样性的价值得到广为传播和普遍应用，是多边主义借助"协作"、"协调"、"劝说"和"保障"等方式得以贯彻实施，欧洲希望其影响力能够长久发挥作用。为了实现这样的世界秩序，素有上帝选民优越感和传播福音使命感的欧洲人对欧洲联盟寄予了向外输出价值观的期望，并且通过各种渠道和方式将这种期望表达出来。结果，欧盟对于价值观的塑造就服务于两个目的：一是增进内部的团结，增加不同成员国之间的认同；二是用自己的模本去改造世界。欧洲联盟的一些成员国一直矢志不渝地推行自己的"价值观外交"，使价值观成为一种道义武器，一种向他者施压的工具。这样一来，就使欧盟赖以生存和发展的"多样性"原则在欧洲人自己的世界观体系中受到忽略。只有当欧盟开始重视其他文化和文明的价值的时候，这种偏颇才可能得到平衡。

（六）欧盟在经济全球化和世界多极化中的地位与作用

在对欧洲联盟作为一种力量做了上述剖析之后，我还透过欧洲一体化考察了世界经济格局的发展方向。可以看出，在冷战结束以后，世界同时存在多层市场，一是全球化的市场，世界贸易组织的规则规范着全球化市场的发展；二是区域化的市场，各种区域性组织规范着区域内经济的发展，其中最具典型意义的区域化市场就是欧洲联盟，它有效地规范着欧洲统一大市场的发展。世界上还存在不同层面上的不同的市场发展，有北美自由贸易区，也有亚太经合组织，还有正在变动与组合之中的东盟、南亚区域合作联盟、南方共同市场、南美国家共同体、独联体经济联盟、南部非洲发展共同体和非洲联盟等区域化组织。最近几年又出现了 WTO 规则治下的世界市场发展的停滞和多重双边贸易规则的兴起。支撑着世界市场的力量组合与支撑着区域市场和国内市场的力量组合并不完全重合，这就形成了走向不同的世界运动。这种发展的方向使欧美发达资本主义国家一统天下的局面被打破，而欧洲统一大市场则提供了一种不完全等同于经济全球化的选择。经济全球化和欧洲一体化只是表面的反向运动。实际上，它们互为因果。欧洲的一体化对内是消除国家壁垒，优化资源配置，加大竞争力度，但面对迅速发展的经济全球化，欧洲一体化又是在建立欧洲壁垒和边境的保护主义措施。因此，欧洲一体化本身就是一种悖论，它既要和全球化赛跑，又要和民族国家争夺民众信任。上下斡旋、左右为难。结果左派和右派都不喜欢欧盟。

综上所述，欧盟是一支极为特殊的区域化力量，它始于经济领域里的联合，然后向其他与经济相关的领域扩展（或"溢出"），这个扩展或溢出的运动尚未结束，所以我们今天看到的欧洲联盟是一种发展中的体制，一种超国家体制和政府间合作体制并存的独特实体。在有些功能领域里，欧洲联盟实行的是超国家体制，在另外一些领域里则实行政府间合作体制。这种状况决定了欧洲联盟在不同的领域具有不同性质和不同形式的力量组合，并且会在不同的国际场合释放不同的能量和实力，很难用民族主权国家的标准对它进行规范与衡量。

欧洲一体化的发展围绕着"经济共同体"进行，欧洲联盟对内推动自由贸易，对外实行贸易保护，因此同时促进并制约着全球化。欧盟实现"大市场"的主要方式是法律建设。欧盟法对成员国有直接约束力，对成员国公民有直接效力，有实施法律的超国家机构——通过欧盟法院和欧盟委员会实施。欧盟还有超国家司法，成员国与欧盟司法融为一体，这使得欧盟将国家间的政治纷争变为法律纷争，把日常的纠纷司法化，在统一规范和规制中体现政治意愿，并且将临时的动议法制化、永久化，形成所谓的"法治共同体"。欧洲联盟机制不仅代表民族国家，也代表自身和公民，并且建立起了各个层面的利益协调机制。所以，也有人说，欧洲联盟是个"利益共同体"。为了协调各方利益，欧盟发明了一整套政策工具，轮换使用"参与式民主"、

"民主协商"和"协商式民主"以及"开放式协商"等工具,将联盟、成员国和利益团体组合到一个复杂的"决策共同体"中,在不同的政策领域里交替使用不同的决策工具。此外,欧盟还通过建立专题的专家小组,请所谓的"政治企业家们"提出立法动议,实行"共同决策",或通过"开放性协商"建立共同的政策目标和目标体系,并通过监督和评估达到"软约束"的目的。

欧盟这个多元共同体的优势是明显的:它在不得不建立庞大的官僚机构的同时,尽可能地贴近公民,在全球化的浪潮中,竭力保护欧洲的生活方式。但是它的劣势也是突出的:它一再地向外界显示出它的低效率。倘若它无法用自己的方式改变世界,就必然在全球化的冲击下举措无力。欧盟也有硬的地方。在欧盟享有专属权的领域里,欧盟可以用"一个声音"说话,例如对外贸易、援助、人权对话等。同时,欧盟的作用十分有限,例如在军事、防务和内务等领域。

在当今世界上,任何国家、国际组织都必须面对欧盟与成员国之间这种有分有合的力量关系。正是由于欧盟已经成为一种不容忽视的力量,美国人才在把美国说成是当今世界上"唯一的超级大国"的同时,念念不忘还有一个"安静的超级力量"。这个超级力量也可以成为一种实力,或者权力,也可以表现为武力威胁、经济制裁、利益诱惑、道德吸引、文化感召等,可以通过派遣军队,也可以使用其他许多工具,如贸易、外援、政策对话等来表达自己的意愿,维护自己的利益。正因为如此,它不仅是经济全球化中举足轻重的力量,而且是影响世界多极

在纪念"罗马条约50周年学术研讨会"上发言

化进程的一种非常规力量。

还有一个重要的现象，就是第二次世界大战结束以后，欧盟一直呈扩张态势。1957年签署《罗马条约》的时候，欧洲经济共同体创始成员国只有六个，即德国、法国、比利时、意大利、荷兰和卢森堡，这六个国家在现代工业基础和共同价值观方面十分相像。1973年，丹麦、爱尔兰、英国加入欧共体，只有爱尔兰经济不够发达，但在加入欧共体后爱尔兰迅速发展。到了20世纪80年代，多个南欧国家相继加入欧共体，西欧式民主制度向南部发展。1995年传统中立国，如芬兰、瑞典，还有奥地利加入欧盟。冷战结束后，欧盟大举东扩，不仅东欧国家高调入盟，就连苏联的一些加盟共和国，如波罗的海三国，也成为欧盟成员国,欧盟东扩与北约东扩并行不悖,成为改变欧洲政治版图、挤压俄罗斯势力范围的主要力量。

四 "欧洲模式"与欧美关系

在我研究欧洲一体化的过程中,特别是后来研究中欧关系的时候,一直都认识到有一个关键的第三方在起作用,这就是美国。说欧美关系事关整个世界格局,并不是耸人听闻。首先,如果欧盟与美国联手,则可能以全球 GDP 总量 40% 以上的经济实力决定全球市场 80% 的国际规则和标准,形成国际多边机构中事实上的 G2 结构。欧美之间存在一个战略安全合作机制,就是北大西洋公约组织(北约)。冷战结束以后,华沙条约组织(华约)解体了,但是北约没有按照常理那样相应解散,反而在不断扩张,吸纳了很多前华约成员国,成为维系欧美同盟关系的军事和政治组织。在中国和欧洲之间,乃至在世界任何一个其他地区,都不存在类似的共同安全防务体系。

整合欧洲是美国一贯的战略,从二战结束后的"西半球战略"就开始了。奥巴马政府时期,美国又动用所谓"巧实力",启动"两洋"贸易和投资战略,在太平洋试图通过"跨太平洋伙伴关系协定"(TPP)主导亚太规则制定,在大西洋则力推"跨大西洋贸易与投资伙伴协定"(TTIP)以统领欧美贸易和投资规则。这两个战略进程覆盖绝大多数发达国家,但都把中国和俄罗斯排除在外,日本在 TPP 里面,欧洲在 TTIP 里面。美国的意图是制定高于 WTO 的新规则,给发展中国家的发展增加难度。

对于这个可能出现的外部环境，当然需要密切跟踪和细致研究。因此，在我任欧洲研究所所长期间，曾经两次组织人力，集中研究欧美关系。第一次集体研究是在科索沃战争到伊拉克战争期间。科索沃战争结束后，欧洲方面明显感到美国保护伞的不可靠，开始着手建立"欧洲军团"，建设欧洲防务体系，到了伊拉克战争的时候，法国和德国出人意料地与俄罗斯站在一起反对战争。欧盟委员会主席普罗迪有一次问我，2003年中国外交智库界是什么观点？当时是否有可能形成中俄法德反战联盟，制止伊拉克战争？其实我们第一次对欧美关系的集体研究已经间接地回答了这些问题，我们第二次集体研究欧美关系是在TTIP谈判全面推进的时候。

长期以来，西欧与美国就被统称为"西方世界"，但是冷战期间毛泽东主席曾从国际战略的高度出发，把它们划分为两个不同的世界，认为欧洲有别于超级大国，是可以利用的力量。这个观点也为邓小平多次引用。他们都不认为所谓的"西方阵营"是铁板一块。2003年美英绕开联合国发动伊拉克战争，法德与俄罗斯共同反对，没有站到美国阵营中去。这说明欧美并不总是站在一起。在当今和未来的世界上，在美国缺少制约的条件下，欧洲会否助纣为虐，对美国亦步亦趋？还是会另起炉灶，与美国貌合神离？抑或是因势利导，和美国有合有分？怎样做才能不将欧洲和美国简单地归类为"西方"，也不是简单地以为欧洲可以对冲美国？要就这样大的问题做出判断，首先还要从分析欧洲利益入手，去理解欧洲的行为模式。

我们的做法是对"欧洲模式"进行初步的分析，目的是通过对欧洲内部结构、自身利益和内在动力的剖析，评估欧美关系的实质。这些分析告诉我们，欧洲不仅是一支自在的力量，而且是一支与美国在结构上和性质上不尽相同的力量。欧盟和美国之间有合作，也有矛盾，甚至冲突。欧盟为了保护自己、发展自己，不仅会与传统盟友妥协与合作，也会与之发生分歧和摩擦。

首先我们发现，欧美之间不仅在利益上有差异，而且在制度模式上也不尽相同。经济模式方面，美国不但实行市场经济，还实行市场社会，偏好市场、企业、雇主，强调公民自我负责，重视直接融资的资本市场。欧洲的经济模式以德国为代表，实行社会市场经济，固然重视市场和资本利益，但是并不听任市场，更强调政府对市场的约束、劳资协商、社会和谐、平衡和可持续发展，也就是说，欧美的社会理念是不一样的。相比较而言，欧洲的劳工标准比较高，全球资本的流动对欧洲的竞争力形成冲击。在区域合作问题上，美国从"自由贸易"走向"开放的区域组织"，区域化集中在贸易政策上，而欧洲则按照超国家的方式建设"封闭的"区域化组织，不断地扩大、深化并保护欧洲联盟，所以美国学术界批评欧洲经济共同体为"欧洲堡垒"，美国主导的贸易自由化对于欧盟的统一大市场既是竞争也是挑战。

政治模式方面，欧美之间的差别更加明显。我们对比了欧美的宪政传统、政党组织、选举制度、政权结构和政府政策，发现美国的政党是干部党，大选时才发挥作用，群众基础薄弱，通过竞选动员群众。欧洲的政治制度虽然叠床架屋、决策低效，但是由于有多重制约，因此比较不容易受到大的利益集团左右。欧洲政党更有群众基础、政治程序更加透明。在政策上欧洲更尊重文化的多样性和国际法准则，所以欧洲人经常指责美国不够民主。在低政治领域里，欧美之间交往频繁，在制定全球市场规则和技术标准，设立针对第三方的贸易和投资门槛等方面，欧美常常协调立场。所以，欧美之间虽然在冷战期间表现出高度的"共质性"，在关于民主、自由和人权等基本价值观方面十分接近，且在意识形态方面相互影响，但涉及具体的政府政策却经常显露差异，这反映了欧美政治模式既有共同点，也有不同点的事实。概括地说，欧美政治模式的差异主要表现在政党的代表性、利益的分配与表达以及决策程序等方面。

在文化方面，欧美之间也有显著的差异。欧美的精神文明和制度文明一脉相承，欧美大学之间交流教授不需要额外的资格认证，在高新科技领域里，欧美合作也十分密切深入，社会参与水平和机制化成熟度方面也远高于中欧之间的合作。但是，欧美当代的历史发展进程并不完全重合。不同的历史经历在欧美社会生活方式中增添了不同内容，造就了不尽相同的思维逻辑和行为逻辑，使得欧美在文化和价值观方面既有相同及相近之处，也有不大相同或很不相同之处。在冷战结束后，欧美价值观及思想文化领域相异一面凸显，并对其相互关系产生了明显影响。例如，被基辛格称为"美国精神"的"实用主义哲学"导致美国迷信"实力至上"、科技至上、军事至上，主张用新保守主义的"硬实力"和"先发制人"的"外科手术"维护美国的世界霸主地位；而欧洲倾向于从理性主义的角度出发，强调规则的制定和遵守，重视社会平衡和人的全面发展，要求在全球缩小贫富差距，提出发展援助政策是"最重要的安全政策"，主张采取和平、对话的方式解决地区冲突。

从社会组织的角度看，在欧洲，政府通过税收提供社会服务，非政府组织和宗教团体的作用是补充性的，欧洲政府对教会进行严格的规范，将教会纳入政府的直接管理体系；在美国，政府提供的社会服务远不能满足社会需要，而非政府组织和宗教团体却有巨大的活动空间，提供各种各样的社会服务。欧美宗教本来同属基督教体系，但不同的社会历史条件却使其社会地位和作用发生了很大变化。欧洲的市场机制被包容在社会机制里，是"社会型市场"，美国的社会机制被包容在市场机制里，是"市场型社会"。在欧洲国家，政府对于市场和个人生活有较多的介入；美国政府虽也干预社会和市场，但是把干预的程度降到最低。

在对外关系领域，欧盟主张地区安全机制化、国际治理体系化，强调多双边对话和联合国的核心作用。因为欧盟自身军事力量薄弱，所以更多地主张依靠"民事力量"解决安全问题。而美国则一直在强化国家安全概念，力图维护霸权体系，其实美国并不想要合作伙伴，而是想要支持者。在一系列重大国际问题上，美国政府都选择单边主义的外交战略，甚至发动先发制人的战争，完全无视联合国安理会的存在和除了英国以外欧洲盟国的意见，其深层因素之一是欧美模式的差异。当然，欧美之间的盟友关系尚且存在，当欧美更紧密合作的时候，就有可能主导世界的走向。

中国与欧盟关系

作为中国研究者,研究欧洲联盟还少不了要有一种独特的"为我所用"的视角,一种目的性,就是更好地了解中国与欧盟之间的关系。所以,我在研究所里主张,每个研究室都从各自不同的角度(或经济、或法律、或政治、或文化)涉猎中国与欧盟的关系。比如,经济研究室既研究欧盟经济,也研究中欧经贸关系;文化室既研究欧洲文化,也研究中欧文化关系,如此等等。深入了解欧盟各方面的发展有助于理解中欧在各领域里的关系。除此以外,在传统的双边关系(如中法关系、中英关系、中德关系)中加入欧盟视角和元素,否则难以全面把握中国和欧洲国家的双边关系。当然,中国和欧盟的关系中也有大量的成员国作用和因素。要准确把握两者之间的关系,也绝非易事。

对于欧盟和中欧关系的研究不能停留在介绍的阶段,要借助新的方法和视角去发现新的道理和规律。为了达到这个目的,我先是发表了《论中欧伙伴关系中的不对称性与对称性》(《欧洲研究》2004年第2期),后来又组织了有关"欧洲人的中国观"和"中国人的欧盟观"的问卷调查,发表了《中国公众对欧盟及中欧关系看法的调查与初步分析》(《欧洲研究》2008年第2期)等,并成立了专题组,每年就中欧关系进行跟踪研究。我还与美国和欧洲学者合作编写了《中欧关系:观念、政策与前景》一书(Routledge,2008),在欧洲学界产生了一定的影响。卸任欧洲研究所所长前,我就中国欧盟确立战略伙伴十周年组

2016 年在法兰克福书展上介绍《盘点中欧战略伙伴关系》英文版

织撰写并发布了《盘点中欧战略伙伴关系》的蓝皮书，全面了梳理中国和欧盟关系的十年发展，2016 年由社会科学文献出版社和 Springer 共同出版该书的英文版。

一　中欧关系的非对称性

我发现，在冷战后的国际政治中，不对称性广泛存在。掩盖在冷战后风行一时的"民主和平论"和"历史终结论"背后的其实是新的不对称性。世界不是变得更加安全，而是变得更加动荡，更加不可预测，对称和不对称的关系更加复杂，其中潜藏着挑战，也蕴含着动力和机遇。因为，无论是在自然界还是在人类社会，动力都来自不对称。即使在力量相对对称的情况下，希望打破对称的动力也继续存在，使对称难以长期恒定或静止。

冷战期间，美苏战略武器的均势和抗衡曾经使两个霸权国家在行为方式、战略思想和军事理论等方面产生了惊人的趋同和对称，世界秩序和安全格局也曾经处于它们的掌握之中。但是，维持着国际政治简单对称的力量其实是不对称的：苏联以强大的政治机器动员了次发达的经济实力，维持了和世界头号经济强国美国相对称的军事对抗力量。这种战略对称是以经济和政治力量的不对称为条件的，一旦政治的动员力急剧下降，不对称的经济力量就难以继续维持军事力量的对称。因此，在表层的对称之下也蕴含着强大的不对称力量，而这些不对称力量的发展最终导致了国际政治表层对称局面的结束。

冷战结束了一种相对的平衡和对称，但是新的平衡和新的对称并没有建立起来。各种力量利用不同的比较优势扩展自己的利益，张扬自己的特性。不同的势力占据了不同的范围（地盘），拥有（获得）了不同的支持。各种势力都积累了独特的历史经验，都依赖着不同的社会基础，拥有不同的思维模式，用不同的语言说话，根据不同的方式行动，从各自不同的观念体系出发去看待世界事务。正是在这样多元的现实中，世界在继续发展和演变。因此，观察各种力量的对称与不对称是认识世界的一种必需的方式。

我进一步分析了中欧关系中的三种不对称性，即经济社会发展水平的不对称，政治制度和机构的不对称，以及社会和观念的不对称。这种不对称所造成的误解或错解可能导致某种程度的"逆向选择"，对中欧关系产生负面影响。我在文章中反对以简单的制裁和对冲作为中国与欧盟关系的工具，主张在诸多体制和文化的不对称中寻找根本利益的对称性和局部利益的互补性。例如，适应欧盟国家的"欧盟认同"和"国家认同"的双重身份，从中寻求维护和平、促进发展的最高战略共识。再如，扩大合作领域，以双赢和共赢的目标作为中欧关系发展的动力。再如，透过碎片化的欧盟体制，认识欧洲一体化早期的设计者让·莫内关于"通过扩大范围解决难题"的"规模意识"，将中国和欧洲合作的"规模意识"作为关系发展的动力之一，通过扩大范围和深化领域，形成多层次、宽领域以及多渠道和多国家的合作结构，以有效地抵消中欧在社会和政治制度方面的不对称性，将合作伙伴关系从宣言变为实践，从体制对体制、政体对政体的关系深化为人民对人民、同行对同行的关系。中欧合作的经验证明，当合作机器开始运转之后，许多由于制度不对称引起的误解、矛盾和分歧便被裹挟进这台合作机器，成为被机器消化的对象，其对中欧合作伙伴关系造成的危害就会相应减少。

我承认，中国和欧盟差别巨大，各有自己的发展规律和历史经验，也有根据这些规律和经验制定的不同原则，沟通起来有时是很困难的。但我认为这些都是历史的塑造，而历史不是停滞不前的。中国和欧盟有机会超越历史的局限、把握未来历史的主动,克服方方面面的不对称性,不断创造出对接、合作、共赢的机遇,并在创造历史的过程中创造新的共同文化。

《论中欧伙伴关系中的不对称性与对称性》这篇文章虽然没有报请奖励,但是也没有被淹没在历史的海洋中。文章发表以后,引述者众多。特别是懂得中文的欧洲读者频频提起这篇文章。2016年底我去德国参加国际会议。会议的德方组织者竟然以这篇文章来引荐我,说"这位就是十几年前发表了'论中欧关系非对称性和对称性'文章的作者",当时我真的有点惊异,因为在中国已经很少有人记得这篇文章了。在中国,人们会介绍我说,这位是"中国社会科学院欧洲研究所的前任所长"。

遗憾的是,在《论中欧伙伴关系中的不对称性与对称性》文章发表了八年之后,中欧之间的非对称性矛盾明显增多,主要是在智库领域里。以写文章为生的专家往往会有一种"语出惊人"的冲动,特别是在欧洲,出现了大量对中欧关系的负面解读,以及"重新定位中欧关系"的言论,使认知中的中欧关系与事实中的中欧关系之间出现南辕北辙的错位现象。

在这种情况下,我延续"非对称性"的思路,写了一篇《中欧关系中认知错位》的文章,就认知错位现象做了结构性分析,以重振处理好中欧战略伙伴关系的信心。在文章中,我列举了中欧关系认知领域里的多重错位现象,认定中欧战略伙伴关系可以成为世界上一种稳定的力量。在现实生活中,中欧战略伙伴关系是真实存在的,之所以出现唱衰的声音,是因为中欧之间存在结构性的不对称,现实和认知之间存在信息不对称,中欧关系研究者中间存在概念错位。文章承认,从认知的角度看,中国和欧盟都是不容易认知和理解的对象。欧盟的结构和程序纷繁复杂,就像诸葛亮摆的八卦阵,如果不明"八门"之道,任凭左突右冲,也找不到出口。认识这样的对象需要远见、智慧、耐心和细致。中国的历史悠久,不能只靠形式逻辑而缺乏历史眼光,认知中国需要纵向思维和历史跨度,而认识欧盟则需要横向思维和地域跨度,否则就可能以偏概全、一叶障目。

我觉得中国和欧盟之间的不对称性是多方面、多层次的。不同的社会性质、不同的发展阶段和不同的文化历史使得中国和欧盟在发展延伸的过程中难免遭遇多重错位和误解。欧盟委员会前主席普罗迪后来在 2009 年也说,"不对称性自然使中国和欧盟之间的关系变得更加复杂",[①] 就像欧盟和其他民族国家(首先是美国)之间的关系一样。这种复杂的国际关系要求认知者杜绝简单类

与欧盟委员会主席普罗迪交谈

---

① Romano Prodi, "EU-China Relations: A Common Future", Forum on China-EU Strategic Partnership, November 2009.

比的认知方式，改变传统的冷战思维，建立起对复杂世界和复杂事物的战略性认知。

我还认为，中国和欧盟作为世界上举足轻重的力量，只能选择战略合作，而不可能通过战略对冲解决它们面临的共同难题。因为在当今世界的格局中，传统的世界力量正在分层次地经历着转移，任何一个国家，哪怕是超级大国，也没有独擎苍天的能力。在中欧关系的多重不对称中存在一种不断将中欧关系推向前进的活力和动力，这里既包括无时不在寻找机会的资本，也包括努力创造财富的劳动者。正是这些力量锲而不舍地努力，才推动了中欧关系"你中有我、我中有你"的发展。习近平主席后来就中欧关系提出了涵盖和平、增长、改革和文明的"四大伙伴关系"，高度概括了中欧伙伴关系的性质，从战略高度界定了中欧关系的对称性。

二 欧盟"中国观"的变化

2006年10月，欧盟推出第六个对华战略文件《欧盟与中国：更紧密的伙伴、承担更多责任》，加上同期推出的经贸文件《竞争与伙伴关系：欧中贸易与投资政策》，标志着欧盟对华政策出现了调整。欧盟新的对华政策基调是：中国的国际地位正在不断提高，中欧之间的伙伴关系需要进一步"深化"，强调"随着战略伙伴关系更加密切，互相的责任也在增长"。其后，欧盟方面对中国的指责越来越多，对中国的不满从经贸关系扩大到能源和气候等领域。及至2008年，欧盟一些成员国的政客借"3·14"拉萨骚乱事件发出了抵制北京奥运会的噪声,同时,在巴黎等地发生了干扰奥运火炬传递等一系列的反华事件。欧盟对华关系蜜月期为何如此短暂?欧盟一些国家反华浪潮的深刻背景何在?我知道,简单笼统地提欧盟对华政策于事无补,于是组织了对欧盟内各种势力"中国观"的全面分析。

我们将研究的触角延伸到欧盟机构和成员国等不同对象,而不是一概而论地谈欧盟政策。在欧盟机构中选取了与中国相关的欧洲理事会、欧盟委员会和欧洲议会进行分析,考察这些机构在对华政策调整中的作用及其政策调整的来龙去脉。我们发现,欧洲理事会2004年就已经将解除对华军售禁令纳入了欧盟议事日程,2006年还通过了决议,重申欧盟将致力于深化与中国的全面战略伙伴关系,继续推动对华军售禁令的解除过程,并首次称赞中国的"和谐社会"理念。但是,这一进程在2007年戛然而止。关于中国"市场经济地位"的问题,理事会在2004年就刹车了。理事会在台湾问题上也表现暧昧,并以"政经分开"为名,频频接待台湾代表团。正是在理事会对华战略思想发生变化的背景下,欧盟委员会提出了标志着欧盟对华政策发生调整的第六份对华政策文件。

相比较理事会而言,欧盟委员会对中国的评价比较客观和现实,这可以从委员会1995年到2003年先后发布的五份对华政策文件中看出。五份文件就中欧关系发展设定了政策框架,对中欧关系的发展起到了积极的推动作用。1995年欧盟委员会的《欧盟中国关系长期政策》文件开始从战略高度调整对华政策，将对华关系作为"欧盟对外关系，包括对亚洲和全球关系的一块基石"。1998年欧盟委员会的《与中国建立全面的伙伴关系》文件，主张将中欧关系提升到"与欧美、欧日和欧俄同等重要的地位"。2001年的文件为欧盟对华关系提出了60多项行动要点，2003年的《走向成熟的伙伴关系——欧中关系中的共同利益和挑战》的政策文件强调，双方在"成熟伙伴关系"基础上寻求共同利益并迎接共同挑战。文件还提出了加强对华关系的六个主要方面：欧盟与中国共同承担促进全球管理的责任；支持中国社会全面改革；促进中国经济的对外开放；加强实施欧盟与中国之间的互利合作计划；提升欧盟在中国的形象以及改善双边对话机制；在提高对话水平的同时注重对话质量等。这些文件对很多政治敏感问题都采取了尽量淡化意识形态之争的态度，从而达到与中国建立合作关系的战略目标。从2005年起，随着欧洲理事会对华政策立场开始发生转变，欧盟委员会的"中国观"也发生了变化。从2006年10月委员会发布的第六份对华政策文件中可以明显地看到其措辞与以前的文件有了很大的不同。这份名为《欧盟与中国：更紧密的伙伴、承担更多责任》的文件在肯定双边关系日益成熟和务实的同时，要求中国更多地借鉴欧洲的价值观和法律理念。

至于欧洲议会，我们看到十多年前欧洲议会与中国的关系总体良好。欧洲议会还主动提出过对华友好的提案。但是从20世纪90年代以后，欧洲议会越来越成为欧盟内批评中国最集中的机构。特别是在进入 21 世纪以来，欧洲议会在人权、西藏、台湾等问题上不断发布干涉中国内政的议案。在解除对华武器禁令问题上，欧洲议会也是坚定的反对者。欧洲议会还是欧盟内反对中国《反分裂国家法》的急先锋。其一系列表态和做法毒化了中欧关系正常发展的氛围。从欧盟层面的权力结构来看，欧洲议会虽然不能决定欧盟对华政策的发展大局，但是其影响不可忽视。当然，我们也看到，在欧洲议会中也有不同意见。将欧盟机构依据权能、态度、作用进行分解，这种研究方法有利于全方位地根据欧盟的具体情况发展对欧盟的关系。

当然，仅仅分析欧盟机构还不够，欧盟大国的作用也不可小觑。因此，我们在同一份报告中分别就德国、法国和英国的"中国观"进行了分析。在德国方面，我们跟踪了从施罗德到默克尔政府的"中国观"，看到施罗德的"中国观"比较积极。施罗德在北约轰炸中国驻南联盟大使馆后率先在访华时对此表示遗憾，并与中国建立起了政治互信，施罗德本人在德国《时代》周刊上发表《我们为什么需要北京》的长文，不仅对发展对华关系表示出积极的态度，而且对中国改革开放的成就给予了正面的评论。施罗德的对华政策在德国国内曾经被批评为"外交失衡"，因此默克尔出任德国总理以后，改变施罗德的"以商促变"政策，对华政策出现回冷趋势。默克尔在访问中国期间，多次突出谈论宗教自由和人权、知识产权等议题，以反映德国国内的意见。在 2007 年第二次访华后不久，默克尔甚至在总理府接见了达赖，引发了中德外交危机。因为默克尔的对华态度是对德国国内诉求的反映，所以这种态度本身也随着中德关系的改善而改变。

法国的对华政策也出现了变化。在希拉克总统任内，中法关系红红火火。中法共同庆祝了中法建交40周年，举办了中法文化年活动。2004年中法关系定位在"全面战略伙伴关系"，数万民众参加了香榭丽舍大道上的迎春节大游行，埃菲尔铁塔百年来第一次被装饰成中国红色，以表示对中国的敬意和友谊。但是萨科齐总统初期，中法关系迅速逆转。一些法国政客卷入了反华浪潮，一些媒体发表极端反华言论，一些智库代表也要求政府对华强硬。以2008年奥运火炬在巴黎传递出现暴乱和萨科齐接见达赖为标志，中法关系跌入低谷，法国的"中国观"发生了明显的变化。虽然中法战略伙伴关系得以维持，但是希拉克时代的"亲华"政策已经不再。这个趋势当时正好和德国相呼应。

同德法两国相比较，中英关系比较平稳，没有出现双边关系的大起大落。在此期间，英国也同样经历了"换届"，布朗接替布莱尔当了英国首相。布莱尔担任首相期间，英国同美国站在一起，发动了2003年的伊拉克战争，导致中英双边政治关系没有达到同期中德、中法关系的密切程度。但是在经贸和文化方面，中英之间的互动和交流并没有受到影响，双边关系有了长足的发展。在对中国市场经济地位等问题上，英国显然与欧盟其他国家有不同的认知。当2007年、2008年中德、中法关系出现较大波折后，同期的中英关系在整个中欧关系中保持了难得的正常发展趋势。布朗延续了布莱尔"中国是机遇，而非威胁"的"中国观"，保持了对华政策的连续性。这与英国作为欧盟内最主张贸易自由的国家不无关联。当然，中英关系同样也存在不少负面因素，集中体现在政治方面。同德法一样，英国国内也有一些人支持价值观外交。在中国发生"3·14"拉萨骚乱事件后，英国议会外委会举办了所谓"中国人权问题听证会"，并邀请达赖到会"做证"。但是，英国国内舆论及政界中对华不利的因素并没有像在德法那样掀起轩然大波。与德国相比，英国官方对中国经济发展的评价也要积极得多。在英国的官方和智库也大有主张"把握住同中国合作发展的机遇"的人士，英国外交部负责非洲、亚洲与联合国事务的国务大臣马克·马洛赫·布朗在议会上院辩论会上指出，自1978年以来，中国人民的生活水平显著提高，5亿人口脱贫，这是值得骄傲的成就。他说，"治理中国这样一个人口大国并非易事，我们往往低估了中国在改善公民经济和社会权利方面取得的进展"。正是在这种务实的"中国观"基础上，近年来中英政治关系的总体态势要好于其他欧洲国家。

在分析了欧盟大国对华政策的基础上，我们进一步从不同角度解析了欧盟"中国观"变化的原因。从经济上看，欧盟"中国观"的变化与双方在经济全球化进程中的位势变化有关。一些欧洲人认为，中国是全球化最大的受益者，正在夺走欧洲的传统经济和产品优势，他们甚至怀疑中国是否履行了对WTO

的义务，是否侵犯了知识产权，降低了劳工标准，破坏了环境。他们认为，随着中国的增长，应当肩负起更多的责任。

从政治上看，欧盟国家"中国观"的变化与国际舞台上的战略调整相关。美国在冷战后采取了分化欧洲的政策，推行对"新欧洲"和"老欧洲"不同的政策。默克尔和萨科齐上台后努力修复与美国的关系，推行"价值观外交"，提出"经济北约"，即"跨大西洋自由贸易区"构想，以保证西方继续主导全球化的经济秩序，法国还恢复了与美国的军事交往，同意增兵阿富汗，重返北约。美国因素在中欧关系中开始显现。

从观念上看，在全球化进程中，很多欧洲人都对自己生活方式的可持续性问题感到焦虑。中国实力增强使欧洲各个阶层普遍感受到来自中国的压力，随即做出了强烈回应。此外，也有些欧洲人对中国抱有意识形态上的偏见，形成了攻击中国"政治正确"的环境。这种焦虑和不安全感对欧洲外交产生了影响。有些人感觉到，在殖民扩张过程中形成的"欧洲中心论"和"文化优越感"将受到真正的挑战。西方文明有可能退出历史舞台。有些在全球化进程中利益受到伤害的人群则迁怒于中国。从民调来看，近年来"中国威胁论"在欧洲各国的影响都有所加强。一些政客、媒体和智库的误导加剧了对中国的疑虑和不安情绪，欧洲不知道一个强大而异质的中国对欧洲意味着什么。

我们的初步结论是，欧盟"中国观"的变化是欧洲人对中国政治、经济实力迅速增强做出的"过激反应"的结果，是一个观念的过程。这种观念并非固化,其发展呈现出波浪形的曲折变化,坚持积极接触、平等对话和合作共赢有助于欧盟"中国观"的正常化。

三 中欧关系六十年

2009年是新中国成立60周年,很多欧盟成员国在中华人民共和国成立之初就与中国建立了正式的外交关系。如此算来,中欧关系也进入了第六个十年。我认为有必要趁这一时机全面梳理一下中欧关系,发出中国智库的声音,这就是《中国与欧洲关系60年》的写作背景,文章发表于2009年。我认为,要理解中欧关系,首先要理解中国和欧洲在60年间发生的沧桑巨变,经历的复杂而深刻的社会转型,从这种变迁中才演绎出目不暇接的中欧关系故事。此外,"欧洲"的概念是集合和复杂的,所以,中欧关系既不是简单的双边关系,也不是单纯的多边关系,而是一种结构不对称,内涵、外延、方式和结构都比一般的大国关系更加复杂和丰富,而且这些复杂多元的关系结构还在随着中欧自身的变化而处于不断的变化中。

2009年参加国庆60周年活动

为了写好这篇文章，我专门到外交部档案馆排队查阅了一些解密档案。

从 1949 年到 1975 年，中国对欧洲的关系分为对"东欧"和"西欧"的关系。在西欧，外交的对象主要是欧洲民族国家。起始阶段主要是与独立的北欧国家发展关系，包括芬兰、挪威、瑞典、丹麦及瑞士等国。

中国对西欧政治外交的突破是在 1964 年与法国建立大使级外交关系，法国支持中国恢复在联合国的合法地位，不支持制造"两个中国"的活动。由于法国顶住了美国的压力，在西方阵营中率先和中国建立了外交关系，因此减少了其他西方国家与中国建交的阻力。法国迈出了与中国建交的第一步，是从战略利益和实际情况出发，因为法国要重返东南亚，保护其在亚洲的利益，必然要同中国打交道。[1] 而中国和法国建交的着眼点也是外交全局和反霸战略，并没有局限于意识形态和社会制度的分歧，也没有将法国简单地划入"西方阵营"。[2] 中国希望通过中法建交，带动其他欧洲共同体国家与中国改善关系。在中美建立直接外交通道之前，中国和美国驻欧洲的大使馆保持着外交接触，为中美之间的融冰进行了准备。

1975 年，中国和欧洲经济共同体建立了正式的外交关系，此后中国对欧洲外交呈现出全方位、多层次、宽领域的特点。

---

[1] 外交部公开档案，档号 110-02007-05，110-01797-06。
[2] 中发（64）49 号中央文件关于中法建交通知，外交部公开档案，档号 110-01998-03。

早在20世纪70年代初，中国就开始关注欧洲联合的进展。在美苏对欧洲一体化态度暧昧的时候，中国领导人就及时而明确地表示，中国是西欧政治、军事一体化的拥护者。为了争取西欧这个重要的"中间地带"，当时的中国外交并不在乎欧洲联合所采取的基本制度是资本主义的，因为西欧只有统一才可能脱离美国而独立，并且对美国和苏联形成制约力量，从而有利于世界其他力量的进步和成长。周恩来总理1971年6月对到访的罗马尼亚总统齐奥塞斯库表示，欧洲"出现一种新的发展，即这些国家正在联合起来反对大国的侵略、控制和干涉"。[①]1972年，中国在布鲁塞尔设立了驻比利时王国大使馆，随即在大使馆和欧委会之间建立了非正式接触。1975年，欧委会副主席索姆斯（Christopher Soams）访华期间，中国政府与欧洲经济共同体宣布建立正式外交关系，中国还表示愿意与欧洲经济共同体谈判贸易协议，用以取代已经到期的与欧共体成员国之间的双边协议。这是公开支持欧洲一体化的步骤。

与欧洲经济共同体建交为进一步发展中国与欧共体及其成员国之间的关系奠定了法律基础。与欧共体的贸易谈判是这一阶段中国、欧共体之间交往的重要领域。这时由于欧共体自身的发展，共同体委员会已经获得了在经济贸易领域里签订协议的权力。中国和欧共体的一般性贸易协定于1978年签署，中欧

[①] ［瑞士］哈里什·卡普尔：《觉醒中的巨人——一个外国人看新中国前30年的外交政策》，国际文化出版公司，1987，第248页。

经贸合作协定于 1985 年签署，有力地促进了中欧经贸关系和技术合作的快速发展，欧洲成为中国现代高新技术的第一大来源地。

在政治方面，中国和欧共体及其成员国也保持了相当好的关系。当时的苏联和美国对于欧洲联合都心存警惕。苏联公开阻挠东欧各国同欧洲共同市场发生单独的联系，而美国虽然口头上支持欧洲联合，但实际上一直在欧共体内部制造和支持矛盾。中国看到，欧洲是一支可以平衡美苏的力量，是一个摆脱了殖民主义旧传统，在国际体系中再次获得重要地位的大陆。在未来的多极世界格局中，欧共体是一支独立的政治和经济力量中心。同时，积极发展与欧共体的经济贸易关系，可以获得建设社会主义中国所急需的资金和技术，为此，虽然欧洲的一些马列主义党表示了不理解，但中国还是开展了积极务实的对欧外交，包括支持德国在资本主义制度下实现统一，支持西欧在资本主义制度下实现联合。邓小平屡次强调说："我们支持建立一个强大的团结的欧洲"，"我们总希望欧洲强大、统一，不只是经济上统一，将来在其他方面也能统一"，"为了维护世界和平，我们一直希望欧洲联合，变得强大，也希望欧洲各国实行独立自主的政策"。[①] 邓颖超副委员长对欧洲议会议长韦伊夫人说："欧洲议会是欧洲联合的重要象征。……西欧各国加强团

---

① 《邓小平年谱 1975～1997》（上），中央文献出版社，2004，第 72～73、123、942 页。

结,协调一致,形成一支强大的力量,不仅对西欧各国人民的利益来说是必要的,而且对维护世界的和平和安宁来说也具有十分重要的意义。"[1] 许多其他中国领导人也通过他们的讲话准确无误地表示出,中国希望西欧加强联合,团结自强,成为世界上维护和平、促进发展、抵抗霸权的积极力量。

我大量地引述中欧关系的上述往事,就是为了告诉世人,中欧关系不仅现在具有战略意义,而且已经发挥了其重要战略作用。在发展中欧关系的问题上,中国历届领导人是有共识的。

进入20世纪90年代以后,中欧关系开始走向成熟和规范化。这与欧洲联盟自身的发展密不可分。随着1992年《马斯特里赫特条约》的生效,欧洲联盟在对外政策领域获得了更多的权力并开始着手制定欧盟对亚洲和中国的政策。1995年欧盟公布了《中欧关系长期政策》文件。此后,随着国际形势和中国的发展变化,欧洲联盟不断评估和更新对华政策,分别于1998年、2001年、2003年、2006年通过《通报》(*Communication*)或《政策文件》(*Policy Paper*)的方式发布欧盟对中国发展和欧中关系的战略判断、政策目标、工作重点和实施工具。例如,1998年欧盟《通报》的对华政策要点是"建立全面的伙伴关系",2003年欧盟对华政策文件的主题是"成熟的伙伴关系——欧盟中国关系中的共同利益与挑战"。2006年,欧委会出台的对华政策新文件由两个部分组成,其中政治部分以《通报》的形式提交

---

[1] 转引自《当代中国外交》,中国社会科学出版社,1987,第305页。

欧洲理事会和欧洲议会,强调欧盟和中国之间"增长的责任",而经贸部分以工作文献和政策文件的方式公布,鲜明地提出欧盟与中国在贸易和投资领域是"竞争和伙伴关系"。

从欧盟对华系列政策文件的发展可以看出欧盟对华政策的动态性、渗透性和可操作性。由于中国和欧盟都在快速发展变化,因此两个自身处于变化中的主体的外交也必然呈现出动态性。渗透性表现在中国与欧盟之间建立的数十个对话机制和合作平台,涉及多个领域和多个社会层面,从高层政治到知识产权、卫生标准、竞争政策、产业政策、人力资源开发、人权对话、法制对话、社会保障等,形成了连接中国和欧盟的跨行业、跨部门、多层次的联络机制与交往规则。这一发展在20世纪90年代尤为突出。这些联系网络开始的时候往往以"软性机制"的面貌出现,后来因为不断由"软机制"产生出共识,写进中欧双方"谅解备忘录"而得以"硬化"。此外,由于很多文件都细化为非常务实的工作要点,并辅之以各项合作或资助项目,如战略伙伴和科技合作体现为中欧在伽利略全球卫星导航系统计划框架下的合作,支持中国社会转型和经济改革具体化为中欧在社会保障体制改革计划内的合作等,因此政策就落地变成了可以操作的合作项目。

2003年是中欧关系的"蜜月"期。中国外交部公布了第一份《中国对欧盟政策文件》。其中列举了中国对欧盟的各个政策领域,在政治领域里包括了高层交往与政治对话、一个中国原则、人权对话、港澳与欧盟的合作、亚欧合作进程、共同打击恐怖主义、共同维护国际军控体系、建立立法机构间的了解、增加政党往来等。在经济贸易领域里，文件列举了投资对话、发展援助、检疫防疫、海关等领域里的中欧合作，还分析了金融合作、农业合作、环保合作、信息技术合作、能源合作、交通合作等方面的成就和未来发展方向。在其他领域里，中欧合作的规模也蔚为壮观，包括了科技合作、文化交流、教育合作、卫生医疗合作、新闻交流、人员往来、劳动和社会保障合作、司法交流、警务合作、行政合作、军官培训和防务研讨等许多项目，充分展现了中欧关系全方位、多层次和宽领域的特性。

中国和欧盟关系大踏步发展的过程中，大国外交依然起到了重要的作用。因为欧盟还不具有一个主权国家的全部权能，欧盟对外政策的覆盖面、决策能力继续受到民族国家的制约，欧盟大国，如德国、法国、英国，甚至一些小国，特别是小国集团，在对华关系方面都有各自的利益和想法。大国在对华外交方面有传统、有主意，特别是有专家团队，所以可以对欧盟的中国政策产生更大的影响，但是过多的成员国和不同的想法往往形成相互抵消的力量。即使是在欧洲一体化程度很高的经贸领域里，欧盟各成员国也避免不了在中国进行激烈的竞争。为了在中国利润丰厚的市场中赢得竞争，欧洲各大公司都会寻求母国政府的支持，而这些政府也会用政治外交的方法为本国的企业谋求利益。法国总统希拉克和德国总理施罗德都曾经向中国许诺，要支持解除欧盟对华武器禁运，虽然他们都知道，由于欧盟对外关系的决策程序非常复杂,他们的承诺并不一定能够兑现,但这并不妨碍他们的随行企业家团队分别从中国拿到价值不菲的订单。

在有些时候,欧盟成员国之间不同的比较优势也使得中欧关系富有弹性和互补性。德国是中国最大的经贸伙伴,为中欧经贸和技术关系的长期发展做出了贡献;英国是欧盟最重要的对华投资方,其在金融服务业方面的领先地位使其为中欧关系增添了新的内容,同时英国在非洲问题、气候变化和核不扩散等方面主张与中国对话,也丰富了中欧关系的内容;法国一直扮演着欧盟对华政治关系先行者的角色,不仅在西欧大国中率先与中国建交,领头拒绝在批评中国人权状况的欧盟文件上签字,而且倡导欧盟在人权等问题上与中国开展对话,开展了中法多彩的文化外交,但是有时在反华浪潮中也不甘人后。由于这些特点,中国与欧盟成员国的双边关系既是中欧关系的基础,也是中欧关系继续发展的必要条件。

中国经济的快速发展引起了欧洲民众的疑虑。欧美的民调显示,超过半数的欧洲人认为中国忽视了他们的利益,要求对华政策强硬的呼声提高。美国也不失时机地对欧洲施压,在欧洲联盟快要决定解除对华武器禁运时,美国发出了"你们为什么无视我们美国人的重大关切"[1]的最后通牒,迫使欧盟再次回

---

[1] Katinka Barysch with Charles Grant and Mark Leonard, *Embracing the Dragon. The EU's Partnership with China*, Centre for European Reform, 2005, p.65.

到美国战略同盟立场。因此，中国和欧盟之间虽然建立起了多层次、宽领域、全方位的友好合作关系，中国在欧洲债务危机爆发以后持之以恒地支持欧洲一体化进程，与欧盟签署了《中欧合作2020战略规划》，但是受国际战略格局和历史文化等因素的影响，中欧虽为战略伙伴关系，但是发展过程仍然难免曲折。

四 习主席提出的"四大伙伴关系"和"一带一路"及"人类命运共同体"

在复杂的中欧关系环境中，习近平主席于2014年访问欧洲时提出"和平、增长、改革、文明四大伙伴关系"。习主席指出，中国和欧盟属于不同的文明，是不同的力量，走的也是不同的道路，用不同的模式治理。即便如此，中欧也可以殊途同归。我将相关理解写成短文，在《人民日报》和《当代世界》等媒体刊发。我认为，假如欧美的经济力量相加，那就是强强联手，就有可能给新兴经济体和发展中国家设置更高的市场准入门槛。但是假如中国和欧盟相加，市场规模巨大，而且潜力无穷，所以敞开欧盟东向、中国西向的大门，将东西向的发展衔接起来，实现发展战略对接和共同发展，这就是习主席说的"增长伙伴关系"，也是"一带一路"要实现的目标之一。欧盟一些主要国家加入了中国倡议建立的亚投行，中国参股了欧洲复兴开发基金。中国和欧盟同意就中欧自贸区进行可行性研究，中国与欧盟正在谈判投资伙伴协定。虽然两个不同的市场和两种市场规则免不了摩擦和碰撞，但合作是大势所趋，可以造福双方。

在维护世界和平方面，中国和欧盟的合作越来越多。中国和欧盟在伊朗核问题

解读习主席访欧的成果

的谈判中有很好的合作。在联合国维和行动中，中国的作用越来越大，中国和欧盟在索马里海域并肩护航，打击海盗。在战略技术领域里，中国和欧盟国家的合作远远多于和其他国家的合作。双方都认为不存在相互战略对抗的可能性，而意识形态的分歧在习主席提出"四大伙伴关系"后处于可控的范围内。

无论是中国还是欧盟，都处于改革进行时段。在中国近代的改革历程中，欧洲经验一直是不可或缺的借鉴。从高新科技、市场管理、法制建设到金融改革、环境保护和老龄社会，中国从欧盟学到了很多有用的知识、方式和思路，而中国不断扩大的市场也是欧盟改革的一个必要的外部环境和资源，说中国和欧盟是改革伙伴十分贴切。

中欧之间有源远流长的文明互鉴历史。在欧洲发达以前，中国曾经发达过，中国是欧洲追求财富的梦想之地。欧洲商人万里迢迢，穿过大漠荒原，或是绕道海上，就是为了与中国直接通商。不仅是要沟通商路，而且在知识界也是先有了个"东

学西渐"——欧洲启蒙学者向往中国的哲学和思想，而后又有了"西学东渐"——中国人开始学习西方的各种"主义"和技术。除了商人和学者以外，欧洲政治家也制定过"东向"战略。远的不说，20世纪90年代，欧洲在飞速发展的亚洲经济中看到了发展机遇，于是相继出台了一系列的欧盟对华政策文件和欧盟对亚洲政策文件，1996年还应新加坡邀请，参与了"亚欧会议"机制建设。所以，不仅中国要向西发展，欧洲也在向东发展。

欧盟东向和中国西向的方式是不一样的。例如在"亚欧会议"里，欧盟显示的是一种框架性的软实力扩张方式，主打的是"制度建设"，虚多实少，而中国的"一带一路"主张软硬实力结合，主打的是基础设施建设，这既是中国的比较优势，也是中国自身发展成功的经验。基础设施建设先行的方式因为符合发展的基本规律，所以更加受到"一带一路"沿线国家的欢迎，通过基础设施建设，带动其他要素的流动。"一带一路"在中东欧得到了积极的回应，就因为基础设施是中东欧国家发展的短板。如果"一带一路"沿线的资源能够得到优化组合，不仅经济发展的前景可观，和平的机会也更多了。不仅如此，中欧"全球伙伴关系"的合作机制出现了创新结构，亚洲基础设施投资银行（亚投行）的建立不仅为中国企业，也为欧洲企业参与"一带一路"建设，提供了互联互通共赢的合作平台，其多边超国家的治理机制体现了人类的共同利益和共同命运。

"一带一路"向欧洲方向的坚定推展，使中欧关系格局中出现了新的"小多边关系"。例如，中国和中东欧"16+1"的合作机制调动了互补互惠

在澳门大学讲解"一带一路与中欧合作"

互利的合作潜力，丰富了中国欧盟合作关系的内涵，将良好的合作意愿变为具体的合作项目。以习近平主席对芬兰的访问和挪威新首相对中国的访问为契机，中国与"一带一路"延伸带的北欧地区开展的合作关系将更加适应北欧发展的特点和需要，也将推动中国欧盟关系发展进入新领域。

当代的技术进步和经济全球化形成了相互促进的态势，将各国的贸易活动、生产投资、社会网络和思想交流密不可分地联系或连接在了一起。通过这些渠道，交流与合作的网络越来越紧密，而且在经济社会思想领域产生了各国相互影响、相互促进、合作共赢的效果，出现了"你中有我，我中有你"的现象。外部世界的影响不可避免地渗透到国内政治中来。对外贸易直接影响国内生产，国际协议会影响到国内舆论，气候、能源、国际犯罪、国际市场等，都不是单个国家可以操控的领域，而只能通过国际合作才能更好地保护本国的利益。此外，国际合作的方式也需要更新。"一带一路"的倡议顺应历史潮流，适

应全球市场的发展，主张不是通过对抗和对冲，而是通过爱好和平的国家和人民之间的平等合作实现互利共赢，这是比零和博弈、赢者通吃更加适合人类社会发展的，具有光明前途的倡议。

在多种全球化的推动下，在合作共赢的实践中，中欧之间已经产生了越来越多的共同利益，这些共同利益远大于国家对抗所能够带来的国家私利。中国提倡的和平发展合作共赢符合世界发展的大势，与人类社会发展进步的方向相吻合，因此是人类进步的推动力。全球化数十年的发展形成了众多的全球治理理念、机制、方法和实践，而中国的"人类命运共同体"和"人类利益共同体"的理念与方式是其中最富有前瞻性、实践性和广泛代表性的理念。

当前，中欧关系在观念领域里遇到了越来越大的挑战。从欧方开始，聚焦点从早期的"如何维护难能可贵的合作共赢机遇"转向了炒作双方在制度和意识形态领域里的差异。2019年3月欧盟委员会提出了关于中欧关系的"十点建议"，将中国定位为：谈判伙伴（a negotiating partner），系统性对手（a systemic rival），合作伙伴（a cooperation partner）和经济竞争对手（an economic competitor）。这里关于"系统性对手"的定位引起了很多评论和解读，给中欧之间"竞争与合作"的关系蒙上一层阴影，也带来了新的不确定性。此后新冠疫情的大暴发和防控措施，客观上也减少了本来就十分需要的沟通和磋商，加剧了中欧之间在观念上的疏离和误解，有时甚至出现局部的对抗和对冲，制裁与反制裁。为了防止中欧关系滑向进一步恶化的局面,中欧双方的领导人保持了沟通与接触,也分别发出了各种积极促进的信号。为了在世界和平的环境中继续谋求发展,中欧社会各界还需要积极配合,需要理性客观务实的多层外交,需要更加积极、主动、全面、长远、灵活的人民外交。

五　德国统一的历史经验

光阴荏苒,眼看就快要临近退休了,而我却心心念念想要做一件自认为很重要的事,就是开启对于东西德国统一历史经验的系统性研究。当时距离柏林墙倒塌和两德统一已经过去了25年,我第一次到西德短暂访学的时候,德国尚未统一。那个时候,持有中国护照可以免签证访问东欧国家,我就利用周末从西柏林到东柏林走了一遭,看到的是森严的戒备、吆喝着要换西德马克的小贩、空荡荡的商铺,社会缺乏生气与活力。而中国先行实施改革开放政策,让中国的整个面貌都焕然一新。看来,正确的政策对于国家的发展是至关重要的。柏林墙倒塌的时候,我正好在美国写博士论文,就快要答辩了,导师却去了德国,一去就是几个月,历史系的老师们很多都在德国挖档案。柏林墙的倒塌和此后不到一年就实现了的德国统一,成为历史学家和政治学家们必欲试图去解读的重大事件。

回到欧洲研究所以后,我就想着手从中国的视角研究两德统一。当时香港和澳门的回归已指日可待。世界上也已经有了一些分裂国家实现统一的案例,其中德国的案例特别引人关注,不仅是因为东西德国在30年前的快速统一堪称当代历史上的重要事件，也不仅是因为统一是在和平的环境中实现的，更是因为分裂时的双方曾经势均力敌，所以实力对比不能成为一方战胜另外一方的唯一原因，甚至不一定是主要原因。在德国统一这一事件背后有大量的政治、经济、社会、法律和外交活动在进行，而这些活动最终导致的结果是扭转了整个世界的格局，彻底改变了第二次世界大战后划定的边界。国际格局的变化进而引发了一系列国家转型，不仅挑战了我们对于分裂国家统一模式的传统理解，更挑战了我们对于国家治理和转型的认知。此外，作为分裂国家统一的一种模式，从德国统一过程中多个行为体在制度竞争、决策方式和策略运用等方面，可以总结出分裂国家统一的不同路径和不同工具，对于正在走向国家统一的中国来说，价值不言而喻。总之，我当时的问题很多，但是为繁杂的欧洲研究所日常事务性工作羁绊，竟致将研究德国统一的愿望拖到了临近退休。

21世纪的第一个十年中，国际上各种力量的对比与组合开始发生快速而深刻的变化。欧洲主权债务危机之后，德国由于统一后形成的地缘优势和积累起来的经济力量，在欧盟内开始发挥更大的作用。德国问题研究，包括德国统一的经验和德国在欧盟乃至世界上的作用，都开始成为人们关注的议题。德国统一问题的研究不能再拖下去了。我给当时的中国社科院陈奎元院长打了一个报告，要求启动两德统一的研究，得到了他的支持，并获得了国家社科基金的委托，还得到了李扬副院长的配套资金，这才开始研究的筹备工作。

在我任职欧洲研究所的早期，两德统一本应当是现实政治研究，拖到 25 年后就成了当代史研究。但是不同于一般历史学研究，两德统一不仅需要档案研究方法，更需要通过对于学科手段的纯熟运用，去解读档案材料并分析规律性问题。西方各国对有关德国统一的档案材料采取了相对开放的政策，先是联邦德国总理府提前解密了一批档案，出版了《德国统一：总理府档案专辑》，后来英国外交部也推出了《英国海外政策文件集》，美俄法都陆续解密了一些关于两德统一的原始档案。这些资料的问世将研究的挑战从档案挖掘转移到了学科方法。两德统一的历史经验因而不再是历史学、考证学研究，而是集政治、经济、社会、金融、法律、思想、外交等各相关学科为一体的综合性研究。

我们当时设计的是一套系统性研究，包括外交领域的研究（研究两个德国和英法美苏四大国围绕德国统一而开展的外交活动）、政治法律领域的研究（对统一过程中政治运作、党派斗争、宪法基础、宪政问题及变革、统一过程中的国际法问题、两德法律制度的协调等问题的研究），经济社会领域（东西两德的身份认同、货币统一、经济竞争与合作、经济体制融合、社会保障待遇接轨、意识形态博弈等）。总之，研究一旦展开，需要研究的问题就会很多。

我此生最大的荣幸之一就是总能遇到优秀且热衷科研事业的同事。没有他们的鼎力协助，老病如我，真是可能会半途而废的。在收集资料、选择权威性外文著作、组织翻译校对团队等一系列早期工作中，都由于有这些同志的合作而使很多困难迎刃而解。在第一阶段，我们将德国著名政治史学家、科尔总理的顾问魏登费尔德教授（Weidenfeld）主编的四卷本《德国统一史》和联邦德国方面的两德统一首席谈判代表、联邦总理办公室副主任特尔契克（Teltschik）的回忆录《329天》翻译成中文。这些书还是德国老朋友皮特·荣根先生推荐，德国阿登纳基金会免费赠送的。除了德国统一课题以外，我还和荣根先生及朱民一起编辑过《德国马克与经济增长》和《社会市场经济》。组织对《德国统一史》的翻译大费了一番周章。因为德文翻译本就不易，而且篇幅很大，译成中文还有370万字，加上从事这项工作的同事们都同时有其他任务，只是利用他们的业余时间参与这个课题。我们只得联络了几位中国在德国的留学生担任初译，而后又请在职的研究人员、退休的老大使、老外交人员和北京外国语大学的老师担任校订，人称"两个梯队"或"海内外兵团"。从启动到出版，耗时三年多才完工。译著的出版为进一步研究提供了基本材料。我觉得最令人敬佩的是梅兆荣大使，他以八旬高龄，一字一句地校订《外交卷》，不仅达到了信达雅，而且可以从字里行间读出高超外交家的折冲樽俎，实在难能可贵。

　　计划中的第二阶段是课题组成员根据研究情况分别选题撰写论文和报告。在这个时期，我一直被病痛折磨。多亏了几位敬业同事的辛勤工作才有了结果。其中，程卫东撰写的《分裂现实的确认、解构与两德统一》，胡瑁撰写的《德国统一进程中两德经济统一模式研究》和田少颖撰写的《冷战后期东西方裁军进程与德国统一关系研究》都达到了相当高的学术水平。

第三阶段的工作是由课题组成员集体合作完成的，其成果就是即将出版的《德国统一的外交》，主要目的是综合考察美苏英法及欧共体和两个德国围绕着德国统一而开展的外交活动。两德统一过程中，美苏英法及两个德国之间的外交活动异常活跃，有时剑拔弩张，有时又峰回路转。我们的方法是首先整理出一系列需要通过外交来解决的两德统一问题，例如"奥得—尼斯河边界问题"、"欧共体内权力平衡问题"和"统一后德国的军事和政治归属"等问题。然后在两德、欧洲和世界等三个层面上考察各国之间的关系及博弈。当然这样很容易观察到，在每个层次上的博弈都有一个赢家，一个输家。输赢既取决于外交目标的设定是否合理，也取决于外交策略是否得当。例如在两德层面，两个德国首先面临的是对于国家未来的政治选择问题和阵营站队问题，两个德国在阵营方面当时是没有选择自由的，但是对于国家的未来却有长远设计的条件。西德在"两个德国"的条件下坚持了"一个民族"，而东德则努力塑造"两个德国、两个民族"。在经济上，西德依托欧共体，与依靠经互会的东德展开竞争，还将政治内容设计进了货币政策。在外交上，东德执政党并没有获得苏联的全力支持，而西德却获得了美国的大力协助。在东德出现财政困难之际，西德政府以经济援助为筹码，迫使东德执政党放弃绝对权威，举行自由民主选举，进而给西德提供了多层次干预的空间，也直接导致了柏林墙的倒塌和整个苏东阵营的解体。

在欧洲层面上，开始时英法都因为可以理解的原因而不支持德国快速统一。但科尔政府果断地切割了统一的"内部进程"和"外部进程"，用内政手段对付东德，用外交手段应对其他欧洲大国，阻挡了英法对东德的支持。撒切尔夫人在德国统一问题上的积极反向作为最终导致了她本人的黯然下台，她坚持的"德国统一必将破坏欧共体内部均衡"的理论没有在欧洲外交场中找到真正的支持者。法国从情感上也不希望德国统一，但法国在德国统一外交中的战略目标高出英国一筹，即推动将德国统一纳入欧洲一体化进程，迫使西德在欧元问题上让步。西德被迫承诺"德国大厦必须建立在欧洲平台的基础上"，宣布"联邦德国没有人想要质疑德波奥得—尼斯河边界"，从而解决了德国统一的两大难题。

两德统一最高层级的博弈发生在美苏之间。从第二次世界大战结束到20世纪80年代末期，这种博弈以各种方式进行，先是表现为势力分割和制度竞争。东西德国成为两极博弈的前沿阵地。20世纪60年代末到70年代，西德开始实行谋求缓和的"新东方政策"，美苏之间则加紧了在意识形态和制度方面的明争暗斗。80年代，里根针对苏联奉行"以实力求和平"，以战略防御计划施压苏联，使苏联陷入经济危机，对外控制力下降。美国反过来以"经济私有化"和"裁军"口号掌握战略主动。在整个世界开始了"自由化改革"的时代背景下，戈尔巴乔夫开始推行"新思维"和"全欧合作",进一步放松对东欧的控制,使欧洲局势呈现西进东退的特征。"柏林墙"危机爆发后,各大国纷纷就"欧洲向何处去"提出自己的设想。戈尔巴乔夫的"共同欧洲家园",空洞而缺乏实施方案,布什的"完整而自由的欧洲"则切实地要求苏联大规模削减进攻性常规武器,实现东欧自由化并结束欧洲分裂,使其整体西化。在布什的战略中,没有北约和华约的和平共处,而是以北约取代华约。

课题还跟踪了具体的外交谈判进程,也就是所谓的"2+4"(两德和美苏英法)谈判,认为这是一个由美国设计并主导了的棋局。因为"2+4"首先是确认了四大国的权利和责任——由四大国共同商讨德国统一的相关问题,从而限制了苏联影响力和作用的发挥,防止了西德与苏联进行私下交易的可能。欧洲其他中小国家被排除在谈判框架之外,英法也因而受到压制。美国预设的谈判主题是废除四大国对德国的战胜国权利,给予统一后的德国完全主权,从而压制了苏联提出的德国中立化、长时间过渡期、保留四大国权利、限制德国兵力规模等方案,坚持了德国快速实现统一,新德国享有完全主权,以及事实上德国完全西化等美国立场。事实上,德国统一进程是当代最重要的一场"颜色革命"。东德政局在大选后转向,苏联在"2+4"框架内实际上面临着"1+5"的局面,其他5国都赞成德国尽快统一。苏联最终在关键问题上,即统一后的德国的北约身份问题上让步。为了找回些面子,苏方提出经济援助,以解决苏联内部经济社会难题。德国统一外交中最为关键也最难解决的难题就以这种几乎是"赢者通吃"的方式得到了解决，不能不发人深省。

考虑到两德统一的复杂性，我们尝试讨论了在这一外交进程中一些贯穿始终的议题，例如"持久和平"、"欧洲未来"、"民众意愿"和"财政援助及作用"等等。从一开始，美苏对于"持久和平"的实现方式就是各持一词，与其说是维持战略均势，不如说是制度平衡。对于西德外交来说，"和平"还是一种攻心战术，被科尔小心翼翼地使用着。也许只有戈尔巴乔夫才会相信"永久和平"近在咫尺，以为苏美可以与欧洲国家"共建欧洲大厦"。此外，被科尔称为德国式的"马歇尔计划"——"经济和财政援助"工具、"民意"口号等，也都具有深刻背景，民众情绪在各种变化中最终导向了"政权更迭"和"格局改变"，其中的外交手段和运作真是令人目不暇接。

我们清楚地知道，分裂国家的统一有多种形式。任何国家的经验都不可能照抄照搬。但是我们也从研究中获得大量鲜活的知识，不仅使我们对于外交工具的种类更加了解，对于外交战略和策略的理解更加深入，也使实现国家统一所需的知识智慧和经验教训更加丰富起来。

除了外交视角以外，我的同事们分别从经济和法律的视角进行了深入的研究，例如西德在货币政策中注入了统一国家的因子，超越了经济利益与经济学原理的规律；再如，在两个德国都将两德并存视为一种暂时现象时，西德的《基本法》就为国家统一提供了坚定支持，规定了任何一个联邦德国的宪政机构无权放弃德国国家统一这一目标和任务,甚至从法律上规范了德国统一的路径。也许在不久的将来会出版类似《德国统一的经济》《德国统一的法律问题》,甚至《德国统一的意识形态斗争》等著作,十分值得期待。